長期欠席の子どもを学校や社会復帰までケアする
翼学園の五段階理論Ⅰ・Ⅱ

大野 まつみ 著

CONTENTS 目次

序章　どの子も学校や社会へ

1. 全国の「長期欠席の子どもの数」 ……………………………………… 3
2. 長期欠席問題解決の着地点は完全な学校・社会復帰 ……………… 3
3. 「翼学園の五段階理論Ⅰ・Ⅱ」の実践で全員学校や社会に復帰 ……… 4
4. 翼学園　在籍人数と復帰状況 ………………………………………… 5
5. 長期欠席の解決には　その本質の理解から ………………………… 5
6. 本書の願うもの ………………………………………………………… 7

第1章　子ども達はなぜ学校へ行けなくなるのか

1. 子どもは学校を拒否しているのではなく
　　学校へ行こうと毎日葛藤しているのです ………………………… 11
2. 長期欠席の子どもに現れる身体症状 ………………………………… 13
3. そのとき　子どもが困っていること ………………………………… 14
4. 特性を持つ子どもが急増している …………………………………… 14

第2章　長期欠席問題と学校教育の歴史

1. 武家の男子対象から就学義務教育の開始まで ……………………… 19
2. 戦後の新体制（六三制）下における長期欠席問題 ………………… 20
　　文部省による問題把握と施策の分析より
3. 翼学園独自の取り組み ………………………………………………… 22
4. 近代の長期欠席児童生徒への行政施策 ……………………………… 22
5. 愛媛県の長期欠席施策の変遷 ………………………………………… 32
6. 教育機会確保法の成立 ………………………………………………… 37
7. 教職六法　不登校問題 ………………………………………………… 42

第3章　翼学園の五段階理論Ⅰ　長期欠席進行の分析　第一期～第五期

1．1995（平成7）年　五段階理論Ⅰ・Ⅱを発表 …………………………… 47
2．「子ども達のSOSを受けとめて」開催 …………………………………… 49
3．長期欠席が進んでいく子どもの心の状態 ………………………………… 50
4．長期欠席進行の第一期（潜伏期） ………………………………………… 51
5．長期欠席進行の第二期（歩行期） ………………………………………… 53
6．長期欠席を未然に防ぐ ……………………………………………………… 55
7．長期欠席進行の第三期（進行期） ………………………………………… 62
8．長期欠席進行の第四期（放出期） ………………………………………… 65
9．長期欠席進行の第五期（内向期） ………………………………………… 70

第4章　心理検査

1．心理検査を受ける前に重要な2つのこと ………………………………… 75
2．心理検査の定義 ……………………………………………………………… 76
3．能力検査 ……………………………………………………………………… 76
4．WISC－Ⅴ 知能検査 ………………………………………………………… 77

第5章　環境が及ぼす子どもへの影響

1．家庭内の苦しみ ……………………………………………………………… 83
2．地域での親子の苦しみ ……………………………………………………… 83
3．学校との連絡や登校刺激に苦しむ ………………………………………… 84

第6章　悲しみと怒りの互換性

1．悲しみ ………………………………………………………………………… 89
2．怒り …………………………………………………………………………… 89
3．鬱と躁 ………………………………………………………………………… 90

第7章　バウムテスト・樹木画テスト

1．実際の描画表現の例と解説 ……………………………………………………………… 94

第8章　翼学園の五段階理論Ⅱ　五段階別の指導法
　　　　～第一段階の指導法～

1．保護者との初面談（インテーク面接）………………………………………… 106
2．家から出られない子ども ……………………………………………………… 107
3．つばさの会……………………………………………………………………… 108
4．子どもとの初面談……………………………………………………………… 111
5．分析と指導計画 ………………………………………………………………… 113
6．第一段階のケアのまとめ …………………………………………………… 118

第9章　翼学園の五段階理論Ⅱ　五段階別の指導法
　　　　～第二段階の指導法～

1．第二段階のケアの進め方 …………………………………………………… 127
2．第二段階　生徒の状況に沿った対応法 …………………………………… 132
3．第二段階　通学し始めた生徒と親へのケア ……………………………… 137
4．第二段階ケア中の学校との連携 …………………………………………… 146
5．第二段階の生徒　ケア終了の基準 ………………………………………… 149

第10章　翼学園の五段階理論Ⅱ　五段階別の指導法
　　　　～第三段階の指導法～

1．第三段階のケアの概要………………………………………………………… 153
2．生活習慣の改善 ………………………………………………………………… 154
3．集団生活が楽しめるようになるケア ……………………………………… 162
4．親子関係の立て直し …………………………………………………………… 164

5．第三段階　生徒の状況に沿った対応法 ………………………………… 166
6．第三段階のケアと指導 …………………………………………………… 167
7．第三段階ケア中の学校との連携 ………………………………………… 171
8．第三段階の生徒　ケア終了の基準 ……………………………………… 173

第11章　翼学園の五段階理論Ⅱ　五段階別の指導法
　　　　～第四段階の指導法～

1．第四段階のケアの概要 …………………………………………………… 177
2．「個性」この素晴らしきもの …………………………………………… 180
3．隼人さん（仮名）16歳の弱点克服 …………………………………… 182
4．念押しの弱点克服 ………………………………………………………… 191
5．家の内と外でのギャップをなくす ……………………………………… 191
6．リーダー体験でさらに自信を付けて …………………………………… 192
7．第四段階　生徒の状況に沿った対応法 ………………………………… 194
8．第四段階のケアと指導 …………………………………………………… 195
9．第四段階ケア中の学校との連携 ………………………………………… 198
10．第四段階の生徒　ケア終了の基準 ……………………………………… 202

第12章　翼学園の五段階理論Ⅱ　五段階別の指導法
　　　　～第五段階の指導法～

1．第五段階のケアの概要 …………………………………………………… 207
2．第五段階　生徒の状況に沿った対応法 ………………………………… 211
3．卒業生からのお礼の言葉 ………………………………………………… 215
4．第五段階の生徒　ケア終了の基準 ……………………………………… 221
5．第五段階終了時期の学校との連絡 ……………………………………… 222

あとがき ………………………………………………………………………… 232
翼学園のあゆみ ………………………………………………………………… 233

[序章]
どの子も学校や社会へ

序章
どの子も学校や社会へ

1　全国の「長期欠席の子どもの数」

　2022（令和4）年度の文科省の統計では、全国の小中学校における「学校に行けない子どもの数」は29万9048人で前年度より5万4千人も増加。さらに、2023（令和5）年度には34万6千人を越えました。毎年続いて過去最多の更新となっています。

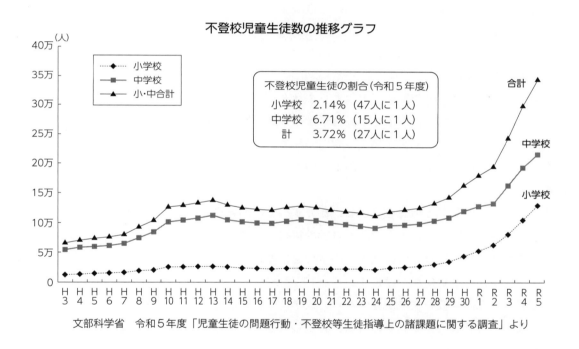

文部科学省　令和5年度「児童生徒の問題行動・不登校等生徒指導上の諸課題に関する調査」より

2　長期欠席問題解決の着地点は完全な学校・社会復帰

　非常に深刻になってきた長期欠席問題。
　その問題解決に臨む教育現場での対策会議や研修会・学習会に参加するとき、最も知りたい内容は「子どもへの具体的な指導法」ではないでしょうか。
　認定NPO法人 翼学園（以下、翼学園）が目指す学校復帰は、一時的で不安定な登校ではなく、着実に楽しい社会生活を継続できる、安定した学校復帰です。

3 「翼学園の五段階理論Ⅰ・Ⅱ」の実践で全員学校や社会に復帰

　翼学園では、初めて相談を受けた日から翼学園を卒業する日まで、「翼学園の五段階理論Ⅰ・Ⅱ」に基づいて、計画的にケアと指導を進めています。翼学園の五段階理論Ⅰ・Ⅱとは、子どもが次第に学校に行けなくなっていく進行の過程を５つの時期に分析してまとめた「五段階理論Ⅰ」（長期欠席進行の分析　第一期～第五期）と、学校を長期欠席状態になってしまった子どもを学校や社会へ復帰できるまで行うケアと指導法を、これもまた５段階で具体的にまとめた「五段階理論Ⅱ」（翼学園の五段階別のケアと指導法）です。

　子どもへの正しい理解法と指導法をまとめた五段階理論Ⅰ・Ⅱに沿って、親と子どもの両方へそれぞれ必要な心のケアと指導を継続することで、最終目的（完全な学校・社会復帰）に到達します。

　本書は、翼学園での長年にわたる心のケアと教育支援方法を詳しく学んでいただくためのテキストです。

　翼学園には入学時の年齢に規定はありません。在籍してケアと指導を受ける期間の長さも、その子によってさまざまです。翼学園の卒業を決定するときも在籍期間や年齢は全く関係ありません。翼学園を卒業する時期の決め手は、本人の卒業の意志がしっかりしていることはもちろんですが、まず五段階別のケアと指導をすべて完了していることが基本です。

　五段階までのケアと指導を受けることですべての問題や心のトラウマが解消し、社会生活力が十分についたら、本人の心に身近な将来への希望が湧いてきます。

　学校へ進みたい子どもには進学先の学校を、働いて自立したい子どもにはその子に合う職場を、本人とともに見つけます。

　復帰する先の学校や職場が見つかり、入学先や新職場の受け入れが確定したら、翼学園を卒業する日を決めます。その日は、必ずしも３月とは限りません。学校や社会に復帰するときが、翼学園の卒業です。

　翼学園生は、第一段階のケア（引きこもり状態から入学までの親子のケア）が長期間かかった子も、学園入学後は平均して３年程度で卒業の時を迎え、全員学校や職場に復帰しています。

　翼学園の五段階理論は、学校や社会へ復帰後も再び挫折することなく、むしろ新しい環境に入ってから、そこで順応して新たに生きる力を生み出していく指導法です。

　その検証結果は、38年間で約750人の卒業者の例で長期的に見ることができます。

序章 どの子も学校や社会へ

4　翼学園　在籍人数と復帰状況

2023（令和5）年3月31日現在
認定NPO法人翼学園

年度	指導を受けている人数							学校や社会に復帰した人数								
	小学生		中学生		16歳以上		合計	小中学校		高校		専門・短大・大学		就職・アルバイト		合計
	松山市内	市外	松山市内	市外	松山市内	市外		松山市内	市外	松山市内	市外	松山市内	市外	松山市内	市外	
2008(H20)	2	0	5	3	29	23	62	0	0	5	2	2	5	2	0	16
2009(H21)	1	1	6	3	29	23	63	0	0	6	3	4	2	3	2	20
2010(H22)	1	1	6	2	30	22	62	小学生1	0	5	2	3	5	5	3	24
2011(H23)	1	1	1	2	31	21	57	0	0	2	0	5	5	6	3	21
2012(H24)	1	0	0	3	32	26	62	0	0	0	1	2	5	5	3	16
2013(H25)	2	2	12	5	45	30	96	1	0	2	0	3	4	6	4	20
2014(H26)	12	3	18	5	61	42	141	0	0	1	0	2	2	8	3	16
2015(H27)	16	4	29	10	77	46	182	1	1	1	1	1	0	17	1	23
2016(H28)	11	4	31	14	79	52	191	2	0	1	1	1	3	18	2	28
2017(H29)	18	5	43	18	76	50	210	0	0	4	2	0	1	9	3	19
2018(H30)	15	7	41	18	80	51	212	0	0	6	0	1	0	10	4	21
2019(R1)	19	9	43	17	82	53	223	0	2	5	4	1	1	5	1	19
2020(R2)	11	5	42	7	64	103	232	2	1	6	0	3	2	6	1	21
2021(R3)	7	0	43	8	66	112	236	1	3	3	2	2	0	2	2	15
2022(R4)	8	4	30	6	71	92	211	2	0	6	2	3	2	4	1	20

※創立時の1985年から2023年3月31日現在までの学校・社会復帰者は約745人です。

5　長期欠席の解決には　その本質の理解から

　長期欠席を解決するためには、まず長期欠席の本質を理解することから始まります。
　本テキストでは、「第1章」で長期欠席の変遷について少し触れ、次に学校に行けなくなった子どもの気持ちをよく理解していただくために、実際に長期欠席を体験した生徒の作文の中から、部分的に抜粋して掲載しました。
　長期欠席に陥った子どもの心身にどのようなことが起きているのか、これまでに扱った

実際のデータから、多数頻回に見られる子どもの心身症状をまとめ、また、その共通した特性などについても、比較的多い順から並べてみました。

データを参考にしながら、「長期欠席に陥りやすい子どもの性質や特徴とは」などの分析を深めつつ、進めていきます。

「第2章」では、わが国で義務教育が始まった明治時代から、2016（平成28）年12月教育機会確保法制定までの教育法の歴史の変化や、日本におけるこれまでの長期欠席問題に対する学校教育の歴史を振り返ります。

1869（明治2）年日本初の近代小学校開校からおよそ150年。国民の生活は考えられないほど大きく変化しました。子どもに直結する教育法の変化については、どうでしょうか。

ここでは特に長期欠席問題に焦点を絞り、全国的に子どもの長期欠席が始まった時期や長期欠席の内容、長期欠席そのものへの捉え方や評価の仕方、それらの変化した箇所と内容について、実際に文科省からの通知・発信を読み解きながら、詳しく検証していきます。

「第3章」では、主題の「翼学園の五段階理論Ⅰ 長期欠席進行の分析 第一期〜第五期」で、学校に行けなくなる子どもの状態をどのように理解すれば良いのか、実践例をもとに具体的に述べています。

ある朝子どもが「学校に行きたくない」と言い始めたときは、子どもの心の苦しみはもう何年も続いており、翼学園の五段階分析ではすでに第四期まで進行している危険な状態です。

「子どもが実際に学校に行けなくなったとき」は、子どもの心に死の影がさまよい始めたときだということを理解しておくだけでも、子どもの自死を未然に食い止めることにつながるかもしれません。

「翼学園の五段階理論Ⅱ 五段階別の指導法」は「第8章」から最終章の「第12章」にまたがり、それぞれの段階ごとに順を追って心のケアや指導法を詳細に述べています。

子どもの長期欠席を解決し、再び学校や社会に復帰させるためには、何からどのように手を付ければよいのか。

また、学校に行けなくなっている子ども自身に、大人はどう接したら良いのか。困っている保護者や子どもに、かけてあげたい言葉と、言ってはいけない言葉は何か。

さらに、気になる昼夜逆転やゲーム依存、増えてきた家庭内暴力などについても、対応の仕方や解決の方策が、この指導法を学んでいただくことで見つかっていくと思います。

また「第4章」から「第7章」と、最後の「第12章」には、学校その他の教育現場で先生方が保護者や子どもに心のケアやカウンセリングを行うときの参考になればと考え、翼学園で最も多く活用する心理検査や、ケアの基盤となるカウンセリングのためのワークショップなどを取り入れています。

6　本書の願うもの

　1985（昭和60）年、翼文庫（現在の翼学園）発足当時、長期欠席を生み出す最も大きな原因はいじめでした。

　その日から今日まで、社会情勢の変化とともに、子どもの悩みは刻々と変化しています。それに伴い翼学園も、子ども一人ひとりの悩みや特性に寄り添いながら、指導内容を年々増幅させています。特性の強い子どもが年々増えて、当然のように毎年新対策が必要になります。

　また、翼学園入学当時は学校復帰を目標に指導していても、発達特性などを鑑みて、途中で作業所などへの就労を考え、一般社会復帰へと方針変更をする子どもも毎年数人出るようになりました。

　翼学園は、いったん入学した子どもはどの子も途中で見放しません。

　本書の願っていることは、「どの子もみんな心身の健康を取り戻し明るく自立して、自分の人生を自由に選び、幸福に生きてほしい」ただこれだけです。

　学校に行きたくても行けなくなって、狭くて希望のない心の檻の中で、彼らは今も「明るい心の自由」を取り戻したいと、声にならないSOSを発信し続けています。

　彼らを絶望から救い出し、真の自由を取り戻すための心のケアと指導法を、願いを込めてこのテキストにまとめました。

序章　参考文献
1．文部科学省「令和4年度　児童生徒の問題行動・不登校等生徒指導上の諸課題に関する調査」

[第1章]

子ども達はなぜ学校へ行けなくなるのか

第1章
子ども達はなぜ学校へ行けなくなるのか

1　子どもは学校を拒否しているのではなく学校へ行こうと毎日葛藤しているのです

　2000（平成12）年前後までは、学校へ行けなくなる原因がはっきり見えるケースが多い時代でした。

〈原因の主たるもの〉
1．いじめや、友人・学校の先生とのトラブル
2．学校の授業についていけない（特に算数・数学がわからない）
3．家庭の悩み

　学校に行けなくなった原因がはっきりしている場合は、具体的な問題解決ができれば半年程度で学校へ復帰する子どもが多く、復帰までの指導は主に、遅れた学習を取り戻し、心理面で自信を付けさせることでした。
　しかし近年では、「なぜ学校へ行けなくなったのか」がはっきりせず、原因が特定できないケースが多くなりました。
　訴えてきた悩みを解決しても、それだけでは子どもは学校へ通い続けることができません。一つが解決しても、またすぐに次の問題が湧いてきます。
　実は子ども自身にも、自分がなぜ学校へ行けないのかよくわかっていないことが多いのです。「学校に行こう。行かなければ！」と強く思っているのに身体が拒絶反応を起こし、つらい身体症状が襲ってきて、どうしても学校に行くことができないという状況も起きています。
　学校に行けなくなったときのいきさつや、そのときの子どもの本当の気持ちはどうなのでしょうか。
　適切なケアを受けた子どもは、自分の考えをうまく話せなくても、文章でなら心の内にあることを少し表現できるようになります。
　以下のページに、翼学園生が書いた作文から5人分の最初の部分を切り取って掲載しています。学校に行けなくなったときの自分の思い・状態・葛藤の数々……。事情はみんなさまざまですが、それぞれの作文から、学校に行こうともがくような苦しさ、どうしても学校に行けない自分を呪うような強い自己否定感が、リアルに重苦しく伝わってきます。

◇◇翼学園の作文集「翼は心につけて vol. 3」より（書き出し部分のみ・仮名）

〈翼で学んだ大切なこと……人を信じる心〉　　小林莉央

　翼に出会うまでの私は、人とかかわるのが好きではなくて自分の殻に閉じこもっていました。小学校４年生の頃に友達関係がうまくいかなくなって学校に行けなくなり、その後も学年が変わるたびに頑張って登校しましたが、何度頑張ってもどうしても続けていくことができませんでした。

　中学校に進学すると、さらに心も体もボロボロになっていきました。自分が何を考えているかさえまるでわからないけど、なぜか涙が止まらないという状態で、何もかもが苦痛でしかなく、自分の中で何かが完全に壊れてしまいました。（後略）

〈人前で声を出せなかった私が話せるように〉　　山口美織

　私は小さい頃から、知らない人に会ったり話したりするのがとても苦手で、完璧主義でした。人と接することが苦手なのに無理して頑張っていたのがつらくなり、学校に行くと毎日泣くようになってそのうち学校に行けなくなりました。とにかく、人に会うのが怖かったので、家で過ごしていましたが、自分の将来のことが不安で不安でたまりませんでした。（後略）

〈自分の弱い点に気づかせてくれ、大きく成長した僕〉　　中野勇治

　今日、翼学園を卒業します。僕は翼学園と出会ってから変わりました。

　学校に行けなくなった頃は、自分を無価値な人間だと思っていました。何もできない自分が嫌いで、でも何をしたら良いのかわからないまま、無気力に家に閉じこもっていました。「僕がいてもいなくても変わらないんだから、きっかけがあればそのまま死のうかな」と何でもないように思っていました。そのときは死ぬことよりも、何者にもなれないままそこにあることがつらかったからです。（後略）

〈翼学園との出会い〉　　伊藤優香

　それまでの私は、学校に行けなくなり、生きるのがつらかった。どう生きていいのかわからない。人を信じられず、自分がわからず、自分を嫌い、何もかもつらかった。そんなとき、私を満たすのは、お金や洋服、おいしいもの、じゃなく人なのだとわかっていても、人の中に入っていけない、入ろうとしない、いいえ、どうしても入れなかった。（後略）

〈翼学園、マジ感謝！〉　　大内光基

　僕が学校に行けなくなったのは、中学校で部活の先輩にいじめられたことが始まりでし

た。中学校を休み始めると、同級生からジロジロ見られるようになって、人目が怖くなりました。学校の先生に言われて、保健室登校を始めました。でも、保健室にいても、むなしくてつらいばかりで、自分は何をしているんだろうとしか思えなくて、すぐに行けなくなりました。どんどんネガティブになっていき、ひとつのことを10倍位に考えてしまうようになり、それから家の中に引きこもるようになり、外にも出られなくなりました。

　部活を変えれば行けるようになるんじゃないかと思って部活を変えて、中3の初めは行っていましたが、途中からまた行けなくなりました。(後略)

　現代は、どの子も長期欠席に陥ってしまう可能性があります。
　長期欠席の子どもは、学校を拒否してわざと行かないのではありません。どうしても学校に行けず、休んでしまった学校。日が過ぎ、「このままずるずると休んでいてはいけない、何とかして学校に行こう！」と、何度も何度でも頑張ります。
　それでも、どう頑張っても学校には行けない状態になっていると気が付き、日が経てば経つほど焦りと絶望に襲われ、文中のように激しく自分を否定し、苦しんでいるのです。

2　長期欠席の子どもに現れる身体症状

　心の消耗が進むにつれて、身体にも異常が現れてきます。

〈身体症状の例〉
1．起立性調節障害などの、主に起床時に起きる症状
2．下痢・嘔吐・腹痛・食欲不振などの胃腸症状
3．微熱やめまい・頭痛・吐き気などの三半規管の症状
4．蕁麻疹・アトピー性皮膚炎などのアレルギー症状
5．足が立たない・目が見えないなどの強いヒステリー症状
6．血尿・過呼吸・場面緘黙・突発性難聴・その他の急性症状

〈身体症状の特徴〉
1．朝、急に症状が起きることが多い
2．身体症状が強いため、病感が強い
3．登校時間が過ぎ、午後になれば症状は治まる
4．病院で検査を受けても異常値が出ず、病理が特定できない

3　そのとき 子どもが困っていること

　近年は、小さなきっかけがいくつか重なり、学校を休み始めることが多くなりました。

〈観察例〉子どもからの訴えや学校生活で見られる状態
　1．動作が遅く、何をしても人より遅れる
　2．思ったことが言えず、本当の自分を出せなくてつらい
　3．宿題が多く、できないことが気になり、夜眠れない
　4．担当制のスピーチやみんなの前で発表するのが怖い
　5．字を書くこと自体が苦痛
　6．クラスの友達と話の内容が噛み合わない
　7．球技が極端に苦手、体育の授業全般が苦痛
　8．授業の内容がわからない、頭に入ってこない
　9．先生や友達の言っている言葉の意味がわからないときがある
10．学校の細かい規則が嫌だ（特に服装指導に嫌悪感）
11．他の人が叱られていても、自分に言われているように感じてつらい
12．毎日が疲れすぎる
13．自分のことを悪く言われたり笑われたりしている気がする
14．授業中や休み時間、クラスのみんなの声がうるさい
15．机の前に長時間じっと座っていることが耐えられない
16．仲の良い友達が転校してしまった
17．忘れ物や日時の勘違いが多くて、よく注意される
18．どうしても許せない人がいる
19．学校へ行く支度など、何もかもがめんどうくさい
20．クラスのみんなのレベルが低く思えてしかたがない

4　特性を持つ子どもが急増している

　子どもの訴えや生活上で困っている状態を観察すると、長期欠席の子どもの心の持ち方や特性の共通項が見えてきます。それらの内容は、大きく発達障害と括られている子どもの特徴や悩みと重複する部分が多くみられます。

〈近年に多い特性〉
　　ADHD（注意欠如・多動症）
　　ASD（自閉スペクトラム症）
　　LD（学習障害）
　　SLD（限局性学習症）
　またはそれらの特徴が重複している子どもが多くなっています。

　一斉指導型の授業や教育体制には、耳からの情報が入りにくい、過集中で疲れやすいなど、授業についていきたくてもいけない子どもが年々増加しています。特に発達に特徴のある子どもは完璧を求める傾向があり、授業についていけなくなる恐怖と重圧感に耐えられず、学校に行けなくなることが多いのです。
　学校生活では多くの子どもが、宿題・定期テスト・集団活動などで友達と比較されることを強く意識するあまり友達が信じられず、友情を育むどころか被害者意識が強くて孤独に陥るなど、心が傷ついています。
　また、細かく厳しい校則や規制で抑圧や強い不安を引き起こしたり、忘れ物やうっかりミスが多くて注意され、自信を失って悩んでいることが多いのも、特記すべき事項です。
　発達的に強い特性を持ちながら社会的に活躍している人もいますが、その人たちは子ども時代から両親や専門家など強力な支援者に恵まれている場合が多いようです。しかしながら、それは特別な例であり、発達特性を原因とする長期欠席の末、不運な場合は暴力事件を起こしたり成人の引きこもりにつながるケースも多いのが現状です。
　そのような社会現状を食い止めるために肝要なのは、子ども時代の教育です。翼学園で実践している五段階理論は、まさに、特性を持つ超個性派の彼らに活用できる教育法です。
　子ども時代に確実な支援と教育を受けることができれば、不運な事件や引きこもりの数は一気に減少することは間違いありません。
　年々倍増している長期欠席児童生徒数。しかも彼らの多くが強い発達個性を持っている可能性があります。その状況を想定すると、既に民間支援に任せる範囲を超えていることは明らかです。
　彼らに必要な支援や教育を行き届かせ、深刻な長期欠席問題解決のために、彼らが学びやすい、彼らのために工夫された「新しい形の学校」が全国的に設置されることを求める声が高まっています。
　子ども達がどんな個性も受け入れられて、心穏やかに学べる学校があれば、彼らは家に引きこもらず、毎日喜んでそこへ通うことでしょう。翼学園の生徒達のように。
　国が、従来の古典的な教育体制からさらに前進し、新教育法に沿って教育改革の大きな一歩を踏み出す新時代が、すぐそこにきているのではないかと期待します。

[第2章]

長期欠席問題と学校教育の歴史

第2章
長期欠席問題と学校教育の歴史

1 武家の男子対象から就学義務教育の開始まで

　子どもの公教育は、1685（貞享2）年、長崎県対馬藩で家臣の子弟の教育のための小学校設置から始まりました。その後岐阜・石川・愛媛で藩校が設立されましたが、対象は主に武士の男子で、農工商の子どもは寺子屋などの私塾や手習い所に通っていました。

　1869（明治2）年、京都市に日本初の近代小学校が設立されました。身分を問わない公教育は、「上京第二十七番組小学校」「下京第十四番組小学校」から始まりました。注目すべきなのは、この2校が町衆の寄附によって設立された点です。国より先に、民間人が費用を出し合って小学校を開校したのです。

　その3年後、政府は身分の上下や性別にかかわらず、国民すべてに学ぶ機会を確保しようと、近代的な学校制度（学制）を定め、全国に小・中・大学校を設置することを決めました。

　日本初の学制は、これまで存在しなかった義務教育を、まずは小学校から整える制度でした。

　学制制定後には、現在と同程度の約2万4千校の小学校が作られ、下等小学校4年、上等小学校4年、計8年の修業年限でした。しかし、当時の国民の生活は貧しく、それまで働き手だった子どもを学校に通わせる義務を国民に負わせるだけでなく、授業料も徴収したため、とても強い反発がありました。

　この反発を受け、政府は教育令の発布で義務教育制度を刷新します。子どもが働かないと生活が成り立たない家庭に配慮し、通学の下限を「最短で16カ月」と規定しました。しかしその1年後、あまりにも短すぎるとして下限を「3年」としました。

　1886（明治19）年「小学校令」が発布され、初めて義務教育という言葉が使われるようになりました。法制度や校舎・教員・教材などが整い始め、ようやく強制力をもって子どもの教育を進め始めた時期と言えます。

　最初の小学校令では、義務教育期間は3～4年とされましたが、複数回の改正を経て1907（明治40）年には尋常小学校の年限が6年間になりました。現在まで続く6年制小学校の始まりです。

　しかし、その修業率は1890（明治23）年になっても49％に留まり、ほぼ全員が就学するのは明治時代末期になってからでした。

　太平洋戦争が激化し、アメリカと開戦直前の1941（昭和16）年に「国民学校令」が発

布され、尋常小学校は国民学校初等科とされ修業年数は6年、高等小学校は国民学校高等科に改められて修業年限は2年、計8年が義務教育になりました。しかし戦時下の特例で、高等科は終戦まで実施されませんでした。

終戦から2年後の1947（昭和22）年、初の教育基本法・学校教育法が制定されました。就学義務について、義務を負うのは保護者であることが明記されています。加えて、事項別解説では「就学する義務でなくして就学させる義務」と記載されています。

就学義務の所在については、現行の学校教育法にも第二章第十六条で同様に記載されています。

保護者や子ども自身が「学校に行くのは子どもの義務だ」と誤解して、学校に行けない自分を責めて悩んでいることがまだ多い現状です。学校関係者や地域の相談役の中にも、いまだに「子どもには就学義務があるのだから、学校に通うべき」と、取り違えた発言をしている人もいます。

どうしても学校へ行くことができない児童生徒の苦しみを和らげるためにも、この取り違えを修正し、正しい理解へとつなげていく必要があります。

2 戦後の新体制（六三制）下における長期欠席問題
文部省による問題把握と施策の分析より

子どもの長期欠席の全国調査が初めて行われたのは1950（昭和25）年5月のことです。

当時は登校拒否も不登校という言葉もありませんでした。ありのまま長期欠席と表現していました。文部省と、総理府が管轄していた中央青少年問題協議会が調査した結果、1949（昭和24）年度に小学校でおよそ40万人（4.15％）、中学校では34万人（7.68％）、合計74万人もの長期欠席児童・生徒がいることが判明しました。

この調査以降、1951（昭和26）年からは長期欠席児童・生徒の全国調査が毎年実施されることになりました。

占領期から1950年代までに至る時期の長期欠席は、戦後社会の変動期に固有な課題を抱えていましたが、同時に「子どもの貧困問題」という現代と通底する一面も有していました。

新しい学制で、「義務教育の完全就学」を目指した戦後初期（1950年代まで）の文部省が、どのように長期欠席問題を認識し、その問題把握に基づいて、いかなる施策を打ち出したのでしょうか。

（1）長期欠席の概念規定

戦後初期、文部省は長期欠席の概念を明確に分析し、大きく次の3つに分けました。

1．長期欠席：学齢簿に載り学籍もあるが、「相当期間」学校を欠席している状態。
2．不就学：学齢簿には載っているが、現在就学していない状態（就学猶予・免除、義務教育諸学校以外の施設に収容、あるいは居所不明により学籍から削除された状態）。
3．未就学：出生届未提出や長期の居所不明等により、学齢簿に載っていない状態。

文部省による「問題把握と施策の分析」より抜粋

「長期欠席」は「学齢簿に載り、特定の学校に在籍しながら相当期間以上通学しないこと」を指す。
しかし、その「相当期間」に関しては「絶対的基準は立てることが出来ないのであって、任意に定めるより他ない」が、「常識的に考えても１カ月以下ということは考えられない」としている。
この「相当期間」の基準は、「授業日数の３分の１」との基準を経て、「年間50日以上」となる。

「年間50日以上欠席したもの」という基準で統一されたのは1952年度調査以降である。

（2）長期欠席の問題解決が重要視され始める
－長期欠席問題の背景には六三制の正当性という観点と同時に少年非行との関係があった－

　戦後の社会経済的混乱によって、都市を中心に浮浪児や戦災孤児らによる少年非行が問題となっていました。経済的理由による長期欠席・不就学が多く、不良少年や非行少年の多くが学校に来ない長期欠席者である、という現状がありました。
　1951（昭和26）年に「文部時報」誌上で行われた座談会「新制中学校の実態」では、経済的理由による長期欠席児童生徒と不就学の児童生徒があまりにも多いと、「六二制でよい」とされかねないことへの危惧が表明されました。
　長期欠席問題の背景には、六三制の正当性という観点と同時に、少年非行との関係があります。不良少年・非行少年の多くが、学校に来ない長期欠席者であったために、長期欠席対策を進めることで、まずは学校に通学させること、いわば長期欠席者を"生徒化"ないし"児童化"することが、ひいては不良化防止に寄与し、生徒指導につながるとの発想で、青少年不良化防止対策の一環として長期欠席問題の解決が図られたのです。
　以上のように、六三制維持と不良化防止・早期発見という２つの目的のために、長期欠席問題の解決が重要だと当局は捉えていました。

（3）文部省が初の「長期欠席児童生徒の実態調査」を実施

　1949（昭和24）年度に文部省と中央青少年問題協議会が共同で長期欠席調査を行い、初めての長期欠席の全国的現況が判明しました。
　その結果、東京都と高知県が調査対象外となっていたにもかかわらず、小中学校合わせて70万人以上の長期欠席者が確認され、「日本における長期欠席児童生徒は、ゆうに100万を突破する」と喧伝されました。

こうした反響を受けて、文部省は1951（昭和26）年度以降1958（昭和33）年度まで「長期欠席児童生徒調査」を、「就学奨励」と「不良化防止」を目的とした単独調査として行うことを決めました。その長期欠席の調査上の定義は「年間50日以上の欠席」となっていました。

独立調査としての長期欠席調査は1958（昭和33）年度に打ち切られ、1959（昭和34）年度以降は「学校基本調査」に統合・簡略化されるようになり、現在に至ります。

3　翼学園独自の取り組み

（1）翼学園オリジナルの月間報告書

翼学園（当時は翼教室）では、1992（平成4）年のガイドラインが出る5年前から現在に至るまで、「子ども一人ひとりの指導内容報告書（月間報告書）」を毎月学校に提出し続けています。学校に行けない子どもの状況を校長や担任の先生に詳しく伝え、安心して見守ってもらうためです。

学校には行けなくとも、翼学園で、遅れてしまった勉強を取り戻そうと頑張っている子どもの姿を伝えようと、毎月生徒の数だけ報告書を作成し、それに本人の写真や作文・学習ノートのコピーなどをたくさん添付して、各学校に届けていました。

学校の先生は、担任している子どもが翼教室で元気で頑張っていることを大変喜んで、毎月しっかり読んでいただきました。

1990年代当時の翼教室は小学生が多く、「学校の先生が、よく頑張っているねと褒めてくれているよ」と伝えると、子ども達はとても嬉しそうでした。

当時、子どもが学校に行けなくなったきっかけは、いじめなどの問題が多かった時代でした。問題がすっかり解決すると、その後わずか半年ほどのケアで学校へ復帰できる子がたくさんいました。子どもが学校復帰する当日は、保護者や学校の先生の協力を仰いでいました。

4　近代の長期欠席児童生徒への行政施策

（1）「民間施設へのガイドライン」公布

文部省は、1989（平成元）年7月、有識者による「学校不適応対策調査研究協力者会議」を発足しました。そして1992（平成4）年に、初のガイドラインを発表しました。ガイドラインの内容を読むと当時の翼教室の活動は、この時点でほぼすべての条件を満たしていると言えます。

翼学園作成
児童生徒の在籍学校へ毎月
提出している「月間報告書」▶

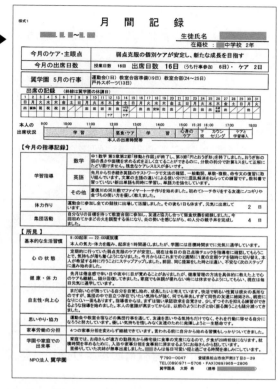

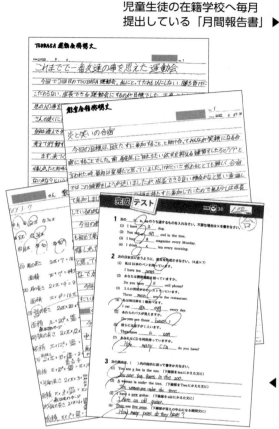

◀月間報告書に添付する生徒の作文や
　ノートのコピーなど

「民間施設へのガイドライン」
1992（平成4）年3月13日
学校不適応対策調査研究協力者会議

1．実施主体

　　実施者が登校拒否児童生徒の不適応・問題行動に対して深い理解と知識または経験を有していること。

2．事業運営

　　相談・指導を目的とし、営利本位のものでないこと。

3．相談・指導の在り方について

　○児童生徒の人命や人格を尊重した人間味ある温かい相談や指導が行われていること。

　○対象者が明確にされており、受け入れる児童生徒のタイプや状況が適切に把握されていること。

　○相談内容や指導が適切であること。また、我が国の義務教育制度を前提としたものであること。

　○体罰などのゆきすぎた指導が行われていないこと。

4．相談・指導スタッフについて
　○スタッフは教育に深い理解と、不適応・問題行動について知識・経験を持ち、指導に熱意を有していること。
　○カウンセリングを行う場合は、専門家が行っていること。
　○宿泊指導を行う施設は、きちんと指導のできるスタッフが配置されていること。
5．施設・設備について
　各施設に学習、心理療法面接など種々の活動を行うために必要な施設・設備を有していること。
6．学校、教育委員会と施設との関係について
　プライバシーにも配慮の上、施設と学校との間に十分な連携・協力関係が保たれていること。
7．家庭との関係について
　施設での指導経過を保護者に定期的に連絡するなどの連携・協力体制が保たれていること。

（2）文部省初等中等教育局長より通知「登校拒否問題への対応について」

　1992（平成4）年の長期欠席児童生徒数は全国でおよそ4万8千人に上り、1970年代から見ると、30年間で5倍に膨れ上がりました。（グラフ参照）

「登校拒否児童生徒」の出現率と数の変化

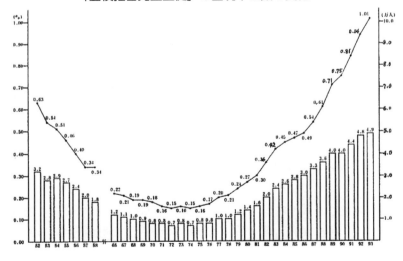

備考：
1952（昭和27）年から1958（昭和33）年までは『長期欠席児童生徒調査』による。1966（昭和41）年から1993（平成5）年までは『学校基本調査報告』による。両調査ともに「学校嫌いを理由とする」50日以上の長期欠席者の数と、出現率はその数を全生徒数で割ったもの。

　急増し続ける長期欠席問題の支援策として動き始めたのは、民間のフリースクールでした。全国的に民間のフリースクールが増えたのは、平成に入ってからです。フリースクールは学校に行けない子ども達にとって、ひとまずの心の避難場所でした。

学校で対応しきれないまま、フリースクールへ通う子どもが多くなってくると、国もその事態を無視できない状況になってきました。

文部省は、1992（平成4）年3月13日に学校不適応対策調査研究協力者会議より公布された、「民間施設へのガイドライン」とは別に、以下の文書を全国の小中学校長宛に通知しました。

各都道府県教育委員会教育長
各都道府県知事
付属学校を置く各国立大学長
国立久里浜養護学校長　　殿

文初中第330号　平成4年9月24日

登校拒否問題への対応について　（通知）

文部省初等中等教育局長　野崎　弘

登校拒否児童生徒の学校外施設への通所にともなう
出席扱いの措置についての処理要項　（要点のまとめ）

○登校拒否児童生徒が学校外の施設において相談・指導を受けるとき、下記の要件を満たすとともに、当該施設への通所又は入所が学校への復帰を前提とし、かつ登校拒否児童生徒の自立を助けるうえで有効・適切であると判断される場合に、校長は指導要録上出席扱いとすることができる。
○登校拒否はどの児童生徒にも起こり得るものであるという視点に立ってこの問題をとらえていく必要があること。
○いじめや学業の不振、教職員に対する不信感など学校生活上の問題が起因して登校拒否になってしまう場合がしばしばみられるので、学校や教職員一人一人の努力が極めて重要であること。

関係機関等との連携
○「開かれた学校」という観点に立って、家庭や地域社会との協力関係を築いていくこと。
○登校拒否が長期に及ぶなど、学校が指導・援助の手を差し伸べることがもはや困難な状態に陥りそうな場合は、専門機関に相談して適切な対応を取る必要がある。
○相談・指導を行う機関として民間の相談・指導施設も考慮されてよい。

平成4年に出されたこの文部省通知は、学校外で相談・指導を受けている子どもがいることを前提とした通知内容でした。

文部省が初めて学校外での教育を認め、「学校外で相談・指導を受けている場合の指導要録上の出欠の取り扱い」について、初めて公表された文書です。

（3）「長期欠席」が「登校拒否」という表現に変化

この平成4年のガイドラインと通知から、それまで「長期欠席」と表現してあった文言が「登校拒否」に変わっています。
（不就学・未就学・病気のための長期欠席者とはっきり区別するためでしょうか？）

平成4年の「通知」では……
1. 学校外の施設への通所または入所が出席と認められるためには、学校への復帰を前提としていなければなりませんでした。
2. 出席扱いになるかどうかは、すべて校長の判断に一任されています。

翼学園（旧翼教室）はこの通知が発令された直後に生徒の在籍する学校長に申請し、調査を受けて全員出席扱いと認められました。それは現在も同様に続いています。

（4）定義が変更　欠席日数50日以上が30日以上に

2003（平成15）年4月、「文部科学省 不登校問題に関する調査研究協力者会議」が、「今後の不登校への対応のあり方（報告）」を発表。

ここでは、これまでの「登校拒否」という表現が消え、「不登校」に変わっています。

「不登校児童生徒」とは「何らかの心理的、情緒的、身体的あるいは社会的要因・背景により、登校しないあるいはしたくともできない状況にあるために年間30日以上欠席した者のうち、病気や経済的な理由による者を除いたもの」と定義されています。

以前は、「50日以上」の欠席を不登校とみなしていましたが、1998（平成10）年度以降は、文部科学省の公的な見解として、「30日以上」へと変更されました。

なお、1997（平成9）年度までは、文部科学省の学校基本調査において、「不登校」という文言ではなく、「学校ぎらい」という名称が使われていたのも特徴的です。

（5）教職六法2023（令和5）年度版

2023年度版　必携　教職六法より抜粋

「現代用語の基礎知識」を例にとると「登校拒否」が初めて登場するのは1979（昭和54）年度版においての事である。
　1995（平成7）年度版からは「登校拒否」という用語とともに「不登校」という用語が併記されるに至った。
　旧文部省は、当初「不登校」を特殊例外的な事象として把握していたが、平成4年、不登校が「特定の子ども」だけの問題でなく、学校・家庭・社会全体の在り方にかかわる事柄であり、「どの子どもにも起こりうるもの」という認識に方向転換した。

「平成4年9月24日通知」以降の変化
1. 「開かれた学校」という観点に立ってこの問題をとらえる必要があるとし、「家庭や地域社会との協力関係を築いていく事の重要性」を強調。
2. 具体的には、不登校児童生徒の指導にあたって、公的機関が適切であるとしつつも、それが困難な場合は、「民間の相談・指導施設」も考慮することを認めた。ただし、「民間施設への通所が学校への復帰を前提とする場合、校長が指導、要録上出席扱いとすることができる」とした。
3. 平成5年3月19日不登校の児童生徒が学校外の公的機関等に通所する場合の、通学定期乗車券を利用することが認められた。

しかし、不登校問題は悪化の一途をたどり、特に中学校では、平成13年度中の不登校生徒は36人に1人の割合となる。

（6）特区学校の設置

「経済財政運営と構造改革に関する基本方針2003」（抄）　平成15年6月27日　閣議決定
◇特区学校とは？

　特区学校は、学校教育法第2条において、学校の設置主体としては、国、地方公共団体及び学校法人に限定されているが、特区においては、地方公共団体が、教育上または研究上「特別なニーズ」があると認める場合には、株式会社に学校の設置を認めるものである。

構造改革特別区域法における学校教育法の特例について
（株式会社・NPO法人による学校の設置）

特区法における学校教育法の特例措置の内容（抜粋）

○特例が認められる場合
　「特別なニーズ」がある場合を対象とする（幼稚園～大学）。
○要件
　学校の経営に必要な財産、学校を経営するために必要な知識又は経験、役員が社会的信望を有すること。
○関連する法律の適用
　学校教育法上の学校として関連規定を適用する（例：設置基準の適用、閉鎖命令・変更命令の適用等）。私立学校法及び私立学校振興助成法の対象外とする。

（7）文部科学省　不登校への対応の在り方について

文部科学省初等中等教育局長通知
文部科学省　不登校への対応の在り方について
平成15年5月16日文科初第255号より関連項目を抜粋

1. 教員による体罰や暴言等、不適切な言動や指導が不登校の原因となっている場合は、学級替えや転校を柔軟に認めていくことが望まれる。
2. 不登校の学校外支援の出席扱いの要件としては公的機関の教育施設が該当するが、それが困難な場合は、民間施設も考慮されてよい。

（8）不登校特例校の設置

今後の学校の管理運営の在り方について（答申）（抜粋）
平成16年3月4日　中央教育審議会

第4章　その他の検討課題について　（抜粋）
学校の設置主体としては、国、地方公共団体及び学校法人が基本だが、構造改革特別区域計画により、平成15年度から地方公共団体が「特別なニーズ」があると認める場合には株式会社やNPO法人のまま学校の設置が認められることとなった。同様に、地方公共団体が、不登校児童生徒等を対象とした教育について「特別なニーズ」があると認める場合には、そうした教育を行うNPO法人であって一定の実績等を有するものに学校の設置が認められることとなった。

(9) 不登校特例校の設置状況（2021〈令和３〉年４月１日現在）

　　学校数 21校（うち、公立学校12校、私立学校９校）
　　不登校特例校一覧　　１．学校名　２．設立　３．管理機関　４．所在地　５．業務の概要

１．八王子市立高尾山学園小学部・中学部
２．平成16年４月開校
３．八王子市教育委員会
４．東京都八王子市
５．不登校児童生徒のための市立小中一貫校。学年を超えた習熟度別ステップ学習や小学校１・２年次における「総合的な学習の時間」の導入、多様な体験活動などを行う。

１．学科指導教室「ASU」
２．平成16年４月※小・中学校
３．大和郡山市教育委員会
４．奈良県大和郡山市
５．不登校児童生徒の学習の場として、学科指導教室「ASU」を設置し、学年を超えた習熟度別指導、児童生徒の興味・関心に応じた多様な体験活動などを行う。

１．京都市立洛風中学校
２．平成16年10月開校
３．京都市教育委員会
４．京都府京都市
５．不登校生徒のための市立中学校。実社会と直結した実践的な体験活動や京都の特性を活かした文化・芸術・ものづくり活動などを行う。

１．星槎中学校
２．平成17年４月開校
３．学校法人国際学園
４．神奈川県横浜市
５．不登校生徒に対し、個別指導計画を作成し、習熟度別クラス編成や体験学習等の導入を行うとともに、授業時数を増やして指導を行う。

１．鹿児島城西高等学校　普通科（ドリームコース）
２．平成18年４月開校
３．学校法人日章学園
４．鹿児島県日置市
５．「産業社会と人間」「進路研究（自己理解）」等を学校設定科目として設け、不登校状態がそれぞれ異なる個々の生徒に、きめ細かな指導と弾力性を持った教育を提供する。

1．東京シューレ葛飾中学校
2．平成19年4月開校
3．学校法人東京シューレ学園
4．東京都葛飾区
5．道徳及び特別活動の時間を統合した「コミュニケーションタイム」を新設し、話し合い、共に協力しあいながら、自分達のやりたいことを実現していく方法等を学ばせる。
1．京都市立洛友中学校
2．平成19年4月開校
3．京都市教育委員会
4．京都府京都市
5．学齢超過の義務教育未修了者を対象とする二部学級を設置する中学校。二部学級の生徒とのふれあい等を通して、学習意欲向上と集団への適応を目指す。
1．NHK学園高等学校
2．平成20年4月開校
3．学校法人NHK学園
4．東京都国立市
5．「生活実習」や「職業技術科目」等により、実習・体験型の学習による達成経験の積み重ねなどを通じて、生徒の社会性や自立性の育成、活動意欲や学習意欲の向上を促す。
1．星槎名古屋中学校
2．平成24年4月開校
3．学校法人国際学園
4．愛知県名古屋市
5．「基礎学力」及び「社会に適応する能力」向上を目指した特別な教育課程を編成し、指導を行う。また、生徒の興味や関心、適性をふまえた学習意欲を高めるための指導を充実するために特別な教育課程を編成し、指導を行う。
1．星槎もみじ中学校
2．平成26年4月開校
3．学校法人国際学園
4．北海道札幌市
5．「ベーシック」及び「ソーシャルスキルトレーニング」を教育課程に位置付け、個々の生徒の学習の到達度に合わせた指導を行うとともに、人間関係の構築に必要なスキルを重点的に指導することにより、「基礎学力」及び「社会に適応する能力」の向上を目指す。

1．西濃学園中学校
2．平成29年4月開校
3．学校法人西濃学園
4．岐阜県揖斐郡
5．「コラボレイト」を新しく教育課程に位置付け、国語、社会及び総合的な学習の時間を融合した授業を実施する。寮を持つ学校であり、学習及び生活指導を一貫して行う。

1．調布市立第七中学校 はしうち教室
2．平成30年4月開校
3．調布市教育委員会
4．東京都調布市
5．体験活動等で考えたこと等を、各教科で身に付けた力を活用し生徒の得意とする手法で独創的に表現する「表現科」や、不登校による未学習部分を補うため、一人ひとりの状況に合わせ学習を行う「個別学習」の時間を新しく教育課程として位置付ける。

1．東京シューレ江戸川小学校
2．令和2年4月開校
3．学校法人東京シューレ学園
4．東京都江戸川区
5．「いろいろタイム」を教科として新設し、自然体験や文化体験等の体験活動を通じて、児童の学習意欲の向上や自主性・創造性・社会性の育成を目指す。

1．福生市立福生第一中学校
2．令和2年4月開校
3．福生市教育委員会
4．東京都福生市
5．「プロジェクト学習」を教科として新設し、各教科を横断的・合科的に扱い、自分が興味を持ったことについて自ら探究し、自分なりの答えにたどり着くことにより、探究し続けられる力や自発的に行動する力の育成を目指す。

1．星槎高等学校
2．平成18年4月開校／令和2年4月指定
3．学校法人国際学園
4．神奈川県横浜市
5．「個別の指導計画」を作成し、一人ひとりの特性に応じた支援を行うとともに、学校設定教科「星槎の時間」「SST」「労作」を設定し、社会で活躍する基礎力の養成を目指す。

1．岐阜市立草潤中学校
2．令和3年4月開校

3．岐阜市教育委員会
4．岐阜県岐阜市
5．「セルフデザイン」を教科として新設し、音楽、美術、技術・家庭科において各自テーマを設定して発展的な学習を行い、生徒の個性を伸ばしつつ自己肯定感の育成を目指す。

1．大田区立御園中学校
2．令和3年4月開校
3．大田区教育委員会
4．東京都大田区
5．「キャリア教育」を新設し、学ぶことと自己の将来とのつながりを見通しながら、社会的・職業的自立に向けて必要な基盤となる資質・能力の育成を目指す。

1．宮城県富谷市立富谷中学校
2．令和4年4月開校
3．富谷市教育委員会
4．宮城県富谷市
5．不登校生徒が自らのテーマを設定し、探究的な学習ができるよう、総合的な学習の時間の充実を図り、自分が興味ある分野を追究し、生徒同士で発表し合うことで、自己肯定感や信頼感を高める。

1．大和市立引地台中学校
2．令和4年4月開校
3．大和市教育委員会
4．神奈川県大和市
5．「教養科」を教科として新設し、各教科等を横断的に取り扱った学習内容や、体験的な学習を多く取り入れ、幅広い教養を身に付け、不登校生徒が将来に向けての社会的自立につなげるための資質・能力を育成する。

1．三豊市立高瀬中学校
2．令和4年4月開校
3．三豊市教育委員会
4．香川県三豊市
5．個別学習の時間や夜間中学校という特色を活かして外国人生徒や異なる年代の生徒と交流する時間を設けることで、社会的に自立できることを目指す。

1．世田谷区立世田谷中学校
2．令和4年4月開校
3．世田谷区教育委員会
4．東京都世田谷区

5．「キャリアデザイン学習」を教科として新設し、生徒それぞれの得意な分野や好きな分野の学びを深めるとともに、協働的な学びを通じて、個性の伸長と探究心の充実、コミュニケーション能力の育成、幅広い視野等の育成を目指す。

<u>特区措置は2005（平成17）年学校教育法施行規則の改正により
全国化されました</u>

　2014（平成26）年7月3日、「教育再生実行会議」が「今後の学制等の在り方について（第五次提言）」で、フリースクールやインターナショナルスクールなどの学校以外の教育機会の利用者の現状を踏まえ、その位置付けを検討するという提言を行いました。

　2015（平成27）年1月、文部科学省が「フリースクール等に関する検討会議」を設置し、学校外での学習の制度上の位置付けや、子どもへの支援策の在り方についての検討を開始しました。

→フリースクール等の支援のための立法化

　また、文部科学省は「不登校に関する調査研究協力者会議」を発足し、「不登校児童生徒への支援に関する最終報告」を発表しました。

5　愛媛県の長期欠席施策の変遷

（1）松山市教育委員会通達と独自の書類様式

　1992（平成4）年、松山市教育委員会からも文部省通知が市内の小中学校長宛に通達されました。

松山市教育委員会通達
登校拒否児童生徒の学校外施設への通所にともなう出席扱いの措置について

　　　　　　　　　　　　　　　　　　　　　　　　　　　　松山市教育委員会
　　　　　　　　　　　　　　　　　　　　　　　　　　　　（関連部分を抜粋）

　「本件は、文部省通知（文初中330平成4年9月24日付）に基づき、登校拒否児童生徒が学校外施設へ通所した場合の指導要録上の出席扱いに関する取扱いについて定めるものである。
　登校拒否児童生徒が学校外の施設において相談・指導を受けるとき、下記の要件を満たすとともに、当該施設への通所又は入所が学校への復帰を前提とし、かつ登校拒否児童生徒の自立を助けるうえで有効・適切であると判断される場合に、校長は指導要録上出席扱いとすることができる。」

1．登校拒否児童生徒の学校外施設への通所にともなう出席扱いの措置についての<u>処理要項</u>
2．登校拒否児童生徒の学校外施設への通所にともなう出席扱いの措置について<u>（通知）</u>
3．民間施設についての<u>ガイドライン</u>

この通知後、松山市教育委員会は、ガイドラインなどの通知内容に沿って、同年9月に松山市独自の「様式1～3」を作成し、学校と保護者、学校外で子どもを指導する教育施設間で記入して教育委員会に提出するよう指導しました。
　縮小コピーを以下に添付します。

様式1：入所通知書（保護者から学校長への提出書類）

　子どもが学校外の教育施設を利用する旨を在籍中の学校長に通知し、利用する施設名と施設の活動内容、週の計画、経費などを記入する項目があります。

様式2：連絡票（子どもの通う教育施設から保護者へ）

　施設責任者が保護者に、子どもの通所の状況や本人の活動状況を知らせる内容の様式です。（学校へも提出・報告する）

様式3：児童生徒の民間施設通所等にともなう出席扱いに関する所見
（学校長から松山市教育委員会学校教育課長へ提出）

　学校長がその施設への出席を、学校への出席扱いと認めるかどうか決定し、その所見を教育委員会へ報告する様式です。

　この3様式が出された年の5年前（昭和62年）から、毎月、オリジナルの月間報告書を提出していた翼学園（旧翼教室）は、松山市教育委員会の指導に基づき、入学時の子どもの保護者に親子の氏名を直筆で記入していただき、翼学園から学校へ提出するようにしました。

　「様式1」の活動内容と「様式2」については、指定の枠が小さすぎて入らないので、

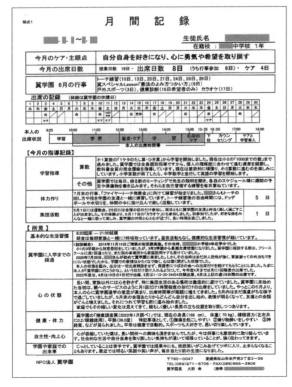
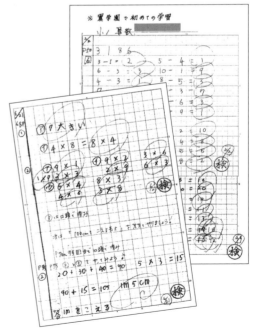

翼学園の月間報告書・子どもの作文やノートなどのコピー

従来からの翼学園のオリジナルの様式と、子どものノートやテストのコピー、作文や写真もこれまでどおりに添付して提出していました。

ちょうどその頃から、愛媛県内では民間のお母さんたちが立ち上げたいくつかのフリースクールが松山市を中心に活動を始めました。しかし、この「様式1～3」は全く普及せず、活動報告を提出していた民間のフリースクールは1か所もありませんでした。

翼学園だけが変わらず子どもの月間記録の提出を続けました。

当時の生徒の多くは小学生で、半年ほどのケアと指導で学校へ復帰していました。

子どもが学校に復帰するときに、この月間報告書を毎月届けていることが非常に役に立ってくれました。翼学園オリジナルの詳しい月間報告書を毎月きちんと読み、子どもの心の状況や経過をよく理解してくれている担任の先生のもとへ、長い間学校へ行けなかった子どもが安心して復帰することができたからです。

(2) 県内の学校外教育施設に初の訪問調査

松山市教育委員会が1995（平成7）年から学校外の教育施設訪問調査を開始しました。

1995（平成7）年松山市教育委員会学校教育課より初めて翼教室へ視察に。（現在の翼学園）

当時、県内で活動していた民間の教育支援施設などの一覧

（松山市教育委員会調査）

	施設名	開設	活動内容	利用者・人数
1	松山フリースクール		月1～2回　動物園やサッカー	小3～高3　10人
2	恋家学園	平成4年	全寮制　農業	4人
3	マイスクール		遊びと学習	0人
4	スペースあい		親子でごろごろ過ごす	―
5	フリースペース味酒	平成8年5月	やりたいことを見つける	13人
6	遊民館	平成8年10月	若草幼稚園が母体 何をして過ごしても自由 2日続けて来られる子はほぼいない 句会・遠足・講演	30人
7	一休さん	平成10年3月	親子ケーキ教室　しゃべらん会	―
8	パドック	平成11年8月	フリーマーケットへの出店 草引きのアルバイトなど	5人
9	翼教室 （現在の翼学園）	昭和60年	心のケアと学習 毎日通学 全員学校復帰	20人

このほかにも市の調査であがらなかったフリースクールも入れると、12～13か所の民間のフリースクールができていました。

翼教室以外の施設は、この後、数年間で活動が見られなくなりました。

その2年後、行政のフリースクールが誕生します。

1996（平成8）年12月、松山市教育委員会が、民間の指導施設に召集をかけました。

> 平成8年12月3日
> 松山市教育委員会学校教育課 課長
>
> 学校及び松山市教育委員会と民間の指導施設の三者での懇談会開催のご案内
>
> 記
>
> 1．期日　平成8年12月3日（火）　15：30～17：00
> 2．場所　にぎたつ会館　松山市道後姫塚118-2　電話941-3939
> 3．内容　（1）民間フリースクールの自己紹介
> 　　　　　　　内容は自由です。（例：運営の方針、活動の内容、通っている子どもの人数、学校との連携の仕方）
> 　　　　（2）質疑・情報交換（フリートーキング形式）

この懇談会の目的は、民間施設の活動内容の情報を収集することで、自己施設の活動紹介のみの短時間で終了しました。

　当日の参加：松山市教育委員会　教育課長・担当指導主事・宮前小学校・雄新小学校・岡田中学校・内宮中学校・小野中学校・スペースあい・フリースペース味酒・遊民館・恋家学園・翼教室（現在の翼学園）

1997（平成9）年市立の適応指導教室が誕生
1．松山市　適応指導教室「松山わかあゆ教室」
2．今治市　適応指導教室「コスモスの家」（当初は民間）
3．大洲市　「おおずふれあいスクール」
4．北条市　「文化の森教室」
5．新居浜市　適応指導教室「あすなろ」　　など

　当時の適応指導教室の指導員に選出されたのは、主に、元教職員が多いのも特徴的な人選でした。

> 　1992（平成4）年頃まで、病気などの正当な理由なく登校しないことは、「子どもの問題行動」として扱われていました。
> 　欠席理由は1.「本人による場合」と2.「家庭による場合」に二大別され、1.においては「怠学」・「学校嫌い」・「学校不適応者」と記入区分されていました。主な公的文書では「登校拒否」と表現されていました。

（3）松山市教育委員会通知
「不登校児童生徒の学校外施設への通所にともなう出席扱いの措置について」

> 不登校児童生徒の学校外施設への通所にともなう出席扱いの措置について（通知）
>
> 松山市立各小中学校長様
>
> 松山市教育委員会教育長
> 28松（教学）第21号　平成28年4月5日
>
> 「このことについては、平成8年3月29日付（松教委学）第1329号から、毎年通知をしていますが、本年度も関係文書を送付します。」

　この通知は、1992（平成4）年の「通知」と比べると、「登校拒否」という表記が「不登校」という表現に変わっている以外、ほぼ同様の主旨内容となっています。

<u>　　　　　　出席扱いの基準は「学校への復帰が前提」
　　　　　　出席扱いを許可するかどうかは校長の判断で決められる</u>

6　教育機会確保法の成立

（1）文部科学省通知「不登校児童生徒への支援の在り方について」

平成28年9月14日　文部科学省

「教育機会確保法」の交付に先がけて、文科省はこれまでにない、新しい内容の通知を発表しました。

> これまでと大きく変わった通知内容
> 1. 不登校児童生徒への支援は「学校に登校する」という結果のみを目標にするのではなく、児童生徒が社会的に自立することを目指す必要があること。
> 2. 不登校の時期が休養や、自分を見つめ直す等の積極的な意味を持つことがある。

（2）教育機会確保法の公布

> 教育機会確保法は、（何らかの理由で）義務教育に相当する教育を十分に受けていない場合、その人たちが年齢に関わりなく、能力に応じた教育機会を確保出来るために新しく制定された法律である。
> （総則　基本理念より）

「義務教育の段階における普通教育に相当する教育の機会の確保等に関する法律」
　　　　　　　　　　　　　　　2016（平成28）年12月14日法律第105号として公布

「教育機会確保法」の成立で、これまでの長期欠席問題についての考え方が大きく変化しました。

　　　　　　　　　　　「別添4　付帯決議　二・四・五・七・九」より抜粋

別添4の二　不登校が当該児童生徒に起因するものと一般に受け取られないよう、また、不登校というだけで問題行動であると受け取られないよう配慮すること。
　　　　<u>（不登校を本人に起因するものと決めつけたり、即、問題行動としない）</u>

別添4の四　いじめから身を守るために一定期間休むことを認める。
　　　　<u>（いじめを回避するためには休学の必要もあり得る）</u>

別添4の五　不登校児童生徒の環境や学習活動、支援などについての状況の把握、情報の共有にあたっては、深刻な問題の把握に努めつつ、原則として当該児童生徒や保護者の意思を尊重すること。
　　　　<u>（不登校の子どもの状況把握に努め、原則として本人や保護者の意志を尊重）</u>

別添4の七　就学の機会を希望する学齢超過者に対し、就学の機会が可及的速やかに提供されるよう、地方公共団体は、本法第15条に定める協議会のすべての都道府県への設置に努めるとともに、政府は、地方公共団体に対して積極的な支援を行うこと。
　　　　<u>（学齢超過者に対しても、就学の機会を提供）</u>

別添4の九　不登校の児童生徒がいわゆるフリースクールなどの学校以外の場において行う多様な学習活動に対しては、その負担の軽減のための経済的支援のあり方について検討し、その結果に基づき必要な財政上の措置を講ずること。
　　　　<u>（学校以外の場の教育にも必要な財政上の措置を講ずる）</u>

（3）従来の通知の内容が廃止

不登校児童生徒への支援の在り方について（通知）
　　　　　　　　　令和元年10月25日　元文科初第698号　文部科学省初等中等教育局長より抜粋

「過去の不登校施策に関する通知（以下に記載）は、教育機会確保法や基本方針の趣旨との関係性において、<u>本通知を持って廃止します。</u>」

※廃止になった通知
1．平成4年9月24日「登校拒否問題への対応について」
2．平成15年5月16日「不登校への対応の在り方について」
3．平成17年7月6日「不登校児童生徒が自宅においてICT等を活用した学習活動を行った場合の指導要録上の出欠の取扱いについて」
4．平成28年9月14日「不登校児童生徒への支援の在り方について」

（4）教育機会確保法の成立で変化した注目すべき視点

1．「学校に登校する」という結果のみを目標にするのではない　→ <u>（真逆に変化）</u>
2．民間施設やNPO等と<u>積極的に連携し</u>相互に協力補完することの意義は大きい
　　→ <u>（初の表記）</u>
3．教職員による体罰や暴言等、不適切な言動や指導が不登校の原因となっている場合は
　　<u>懲戒処分も含めた厳正対応が必要</u>　→ <u>（大きく変化）</u>
4．適切な対応のために、各学校において中心的かつコーディネーター的な役割を果たす
　　教員が必要　→ <u>（新しい対応策）</u>
5．不登校児童生徒が多く在籍する学校については、教員の加配が必要　→ <u>（新しい対応策）</u>
6．養護教諭の複数配置や研修機会の充実が重要　→ <u>（新しい対応策）</u>

（別記１）　義務教育段階の不登校児童生徒が学校外の公的機関や民間施設において
　　　　　　相談・指導を受けている場合の指導要録上の出欠の取扱いについて

（別記１）より、長期欠席に関連する部分を抜粋

○不登校の児童生徒が学校外の施設で相談・指導を受けるとき、<u>現在は登校する意思がなくても</u>、本人が学校復帰を希望したときには、円滑にそれが出来るような個別支援をしていると評価出来る場合に、校長は出席扱いとすることが出来る。
○当施設は、基本的には公的機関とするが、<u>民間の相談・指導施設も考慮されてよい。</u>
○観点別学習状況及び評定の記載については、必ずしもすべての教科・観点について求められるのではない。

（別記２）より、長期欠席に関連する部分を抜粋

　　　　　不登校児童生徒が自宅においてICT等を活用した学習活動を行った場合の
　　　　　指導要録上の出欠の取扱いについて

○不登校児童生徒が自宅においてICT等を活用した学習活動を行った場合、校長は指導要録上出席とすることが出来る。

（別添３）民間施設のガイドライン

※教育機会確保法の成立以降、変化した項目
1．（旧）不登校児童生徒の不適応・問題行動に対する相談
　　（新）不登校児童生徒の相談　　　　　　　（不適応・問題行動という表現が消えた）
2．情緒的混乱、情緒障害及び非行等の態様の不登校などが明確にされ、当該児童生徒のタイプや状況の把握が行われていることが必要　　　　<u>（新しく増やされた項目）</u>

（別添４）教育支援センター整備指針（試案）

※教育機会確保法の成立以降、変化した項目
1．不登校に関する地域ぐるみのサポートネットワークづくりに努めるものとする
2．センターは、民間施設、NPO法人等との連携・協力を図ることが望ましい

（5）確保法成立後からの愛媛県の新たな長期欠席対策

1．不登校の現状
　小中学校における全国の不登校児童生徒数は増加し続け、2022（令和4）年度は29万9千人となっている。
　全国的にみて、不登校児童生徒数の少ないとされている本県においても年々増加傾向にあり、2022（令和4）年度の2728人を、2023（令和5）年度には更新する可能性が高い。

2．不登校児童生徒への具体的支援に係る国の動向
○学校に登校するという結果のみを目標にするのではなく、支援の最終目標は将来の社会的自立を目指す。
○教育委員会や学校と民間の教育団体等と連携・協力・補完し、支援する。
○指導要録上の出席扱い等、不登校児童生徒の懸命な努力を適切に判断する。

3．本県の取組方針
　不登校の状況を概ね次の三つに分類し、各学校が講じる具体策について、好事例を全県で共有する。
　①学校に行けるが、教室に入れない児童生徒。
　②学校には行けないが、適応指導教室やフリースクール等には通える児童生徒。
　③自宅に引きこもっている児童生徒。

　目標は、①～③すべての児童生徒が「指導要録上出席扱い」となること。さらに、②や③の状態にある子どもが適切な支援により好転し、①や②の状態に転じること。

出席扱いの判断
　①の場合　　出席した日数。
　②の場合　　保護者と学校の連携の下、当該児童生徒の通所実績を学校が確認し、かつ当該施設における指導が適切と判断した場合、出席扱いとなる。
　③の場合　　ICT等を活用するなど自宅での学習の状況が適切であれば、出席扱いとなる。

　　指導要録上の出欠の取り扱いについて、校長は、その判断の際、学校間の差が出ないよう配慮すること。

具体的な支援
　ア　校内の別室での支援
　イ　適応指導教室やフリースクール等との連携
　ウ　自宅における学習等の支援

愛媛県校内サポートルーム設置事業における
第1回不登校児童生徒等支援連絡協議会について

令和3年度愛媛県校内サポートルーム設置事業実施要項より抜粋

> 目的 「不登校ゼロ」の実現に向けた本県独自の不登校対策を確立するため、県内4中学校をモデル校に指定し、サポートルームを校内に設置することにより、不登校またはその傾向にある生徒への支援に特化した取組を推進することを目的とする。

　愛媛県教育委員会は、県内のサポートルームモデル校として4中学校を指定し、委員は、田所竜二教育長が次に掲げる者のうちから、当初21名に委嘱し、任命しました。

　1．行政関係者　　2．学識経験者　　3．学校関係者
　4．フリースクール関係者　　5．臨床心理士等

初年度のサポートルームモデル校となった中学校

　1．西条市立西条南中学校　　2．今治市立立花中学校
　3．松山市立雄新中学校　　4．松山市立久米中学校

愛媛県校内サポートルーム設置事業における「不登校児童生徒等支援連絡協議会」開催

令和3年度	令和4年度
第1回　令和3年6月4日	第1回　令和4年5月26日
第2回　令和3年9月6日	第2回　令和4年9月5日
第3回　令和4年2月17日	第3回　令和5年2月24日

> 「不登校ゼロ」の実現に向けた本県独自の不登校対策を確立するため、県内8中学校をモデル校に指定し、サポートルームを校内に設置することにより、不登校またはその傾向にある生徒への支援に特化した取組を推進することを目的とする。

　2022（令和4）年度より、愛媛県教育委員会は、県内のモデル校をこれまでの4校から8校に増校しました。

令和4年度のサポートルームモデル校となった中学校

　1．西条市立西条南中学校　2．今治市立立花中学校　3．松山市立雄新中学校
　4．松山市立久米中学校　5．四国中央市立川之江北中学校　6．新居浜市立中萩中学校
　7．宇和島市立城東中学校　8．西予市立宇和中学校

　この増校に伴い、愛媛県校内サポートルーム設置事業における「不登校児童生徒等支援連絡協議会」の委員は34名になりました。

　1．学識経験者　2名　　2．社会福祉士　1名　　3．臨床心理士　1名
　4．フリースクール関係者　2名　　5．学校関係者　16名　　6．市教委関係者　7名
　7．県教委関係者　5名

2022（令和4）年度より、県内のサポートルームモデル校が8中学校になったことで、県下のモデル校が東予地区から南予地区まで広がりました。
　県の長期欠席対策では2024（令和6）年度、愛媛県総合教育センター内に県教育支援センターを設置し、そこでメタサポセンターとして次の3つのプログラムを作りました。

---

1. メタバース（仮想空間）上の学び場での支援
　　自宅から出られないすべての不登校児童生徒が対象

　　| R5〜 | ▷校内サポートルーム8校を対象とした<u>先導事業</u>
▷予約制による利用等、30人規模からのスタート |

　　個々の状況に応じた支援プログラムの策定
　　学習や社会的自立に向かう支援を実施
2. アウトリーチ型支援（全20市町を年間各1回訪問）
　　学校を訪問し、別室支援のノウハウ等を助言
3. 不登校の未然防止に向けた研修会の実施（年間2回）
　　大学教授やフリースクール関係者による指導研修
　　教職員と関係機関（フリースクール、適応指導教室等）による協議

7　教職六法　不登校問題

2023年度版　必携　教職六法より抜粋

　不登校児童・生徒の増加は、それだけ現在の社会システムの弱体化を招くことになる。それゆえ、不登校問題への支援は、将来の社会システムの在り方にまで及ぶ大きな問題となりうるものであることを理解し取り組むことが必要である。その意味において、学校現場はいうに及ばず、日本社会全体が、再度、不登校問題を真剣に議論する時期を迎えていると考えるべきであろう。

　1947（昭和22）年から2023（令和5）年現在までの76年間で、日本の経済や社会事情は、世界が目を見張るほど急変しました。その中で生まれ育つ日本の子どもの家庭生活も、昔では考えられないほど大きく変化しています。子ども個人の持っている資質も、ずいぶん変化してきました。
　これまで子どもの教育の歴史を振り返ってきましたが、発展課題として、義務教育の制定内容がどの程度時代に対応し変化しているのか、という視点で教育の歴史をひもとき、改めて現代の子どもにとっての学校教育を考えてみる必要もあるのではないでしょうか。
　長期欠席問題の根幹が、そこに見えてくるかもしれません。

第2章　参考文献（出典順不同）

1. 「2000年度版　必携　学校小六法」協同出版
2. 「2023年度版　必携　教職六法」協同出版
3. 「現代用語の基礎知識 2023」自由国民社
4. 小林正泰 自由研究論文「戦後新学制下における長期欠席問題」
5. 保坂亨「学校を欠席する子どもたち －長期欠席・不登校から学校教育を考える－」東京大学出版会
6. CiNii図書・仲 新「日本現代教育史」第一法規出版（1969）
7. 文部省初等中等教育局・総理府中央青少年問題協議会「六・三制就学問題とその対策：特に未就学、不就学および長期欠席児童生徒について」1952年3月
8. 文部省「文部省第83年報　昭和30年度」1957年
9. 山内太郎 編「戦後日本の教育改革：学校制度」東京大学出版会　1972年
10. 「座談会　新制中学校の実態」「文部時報」第889号　1951年
11. 「座談会　青少年の問題をめぐって」「教育統計」第18号　1952年
12. 「解説　長期欠席児童生徒の環境とその実態」「教育統計」第18号　1952年
13. 文部省「昭和28年度　公立小学校・中学校長期欠席児童生徒調査」1954年
14. データベース「えひめの記憶」生涯学習情報提供システム　2023年
15. 文部省「民間施設へのガイドライン」学校不適応対策調査協力者会議　平成4年3月13日
16. 文部省「登校拒否問題への対応について」文部省初等中等教育局長　野崎弘　平成4年9月24日
17. 文部省「登校拒否問題への対応について」四教義第六三六号教育長　平成4年10月5日
18. 松山市教育委員会「登校拒否児童生徒の学校外施設への通所にともなう出席扱いの措置について」「様式1～3」平成4年
19. 松山市教育委員会「本県の登校拒否児童生徒の指導を行っている民間施設」平成7年
20. 松山市教育委員会「学校及び松山市教育委員会と民間の指導施設の三者での懇談会開催のご案内」松山市教育委員会学校教育課　課長　岡田武久　平成8年12月13日
21. 松山市教育委員会「愛媛県内公立適応指導教室等」平成9年
22. 文部科学省「今後の不登校への対応の在り方（報告）」文部科学省不登校問題に関する調査協力者会議　平成15年4月
23. 文部科学省　資料2「構造改革特別区域法における学校教育法の特例について（株式会社・NPO法人による学校の設置）平成15年6月27日
24. 文部科学省「不登校の対応の在り方について　文科初255」平成15年5月16日
25. 文部科学省「今後の学校の管理運営の在り方について」平成16年3月4日　中央教育審議会
26. 文部科学省「不登校特例校の設置状況」令和3年4月1日現在
27. 松山市教育委員会「不登校児童生徒の学校外施設への通所にともなう出席扱いの措置について（通知）28松（教学）第21号」松山市教育会教育長　山本昭弘　平成28年4月5日
28. 文部科学省「不登校児童生徒への支援の在り方について」平成28年9月14日
29. 文部科学省「義務教育の段階における普通教育に相当する教育の機会の確保等に関する法律」平成28年12月14日法律第105号として公布

（別記1）（別記2）（別添3）（別添4）

30. 愛媛県教育委員会義務教育課「令和3年度における不登校児童生徒支援体制について（小中学校）」
31. 愛媛県教育委員会義務教育課「愛媛県校内サポートルーム設置事業における第1回不登校児童生徒等支援連絡協議会について」

[第3章]

翼学園の五段階理論Ⅰ
長期欠席進行の分析
第一期～第五期

第3章
翼学園の五段階理論Ⅰ
長期欠席進行の分析　第一期～第五期

1　1995（平成7）年　五段階理論Ⅰ・Ⅱを発表

　第1章では、子ども達はなぜ学校に行けなくなるのかについて、第2章では、長期欠席問題に取り組む学校教育の歴史をできるだけ詳しく記載しました。
　この第3章では、考案以来ずっと活用している「翼学園の五段階理論Ⅰ　長期欠席進行の分析　第一期～第五期」について解説します。
　子どもの長期欠席は、決していきなり始まるものではありません。「もう学校には行けない」と親に告白するまで、子どもは本当に長い葛藤の月日を過ごしています。
　最初は、心の奥に湧いた「学校に行きたくない気持ち」を誰にも話せず、秘密を抱えて暮らしています。学校に行けば込み上げる苦しさを何度も心の中に押さえ込み、「子どもはみんな学校に行かなければいけない！」と強く自分に言い聞かせながら、我慢に我慢を重ねて学校に通っています。強い苦しみの続く長い月日を耐え忍んだ挙句、ある日いきなりその我慢の堰が切れてしまうのです。

　長期欠席を、芽生えの時期から深刻な状態になるまで、その経過を簡潔にまとめると、以下の1～5のようになります。
1．初めて入学した保育園や幼稚園、小学校での集団生活を続けるうち、子どもは次第に、小さな違和感や苦痛を感じるようになります。この頃はまだ、「行きたくない」と感じるほどの自覚はありません。……　進行の第一期（潜伏期）
2．その後、通学する場所や環境が何度変わっても、集団生活の中に入ると似たような苦痛を感じ、周囲からの疎外感や孤独感がますます増幅していきます。次第に、「学校に行けば苦しくなる」ことが本人にはわかってきます。そこから「学校に行きたくない」という自覚が始まりますが、子どもながらになんとなく感じる罪悪感や、みんなが通う学校から脱落したくないという強烈な思いがあり、自分の心を封じ込め、誰にも言わないようにします。そのような心の状態で学校に行き続けると、今度は身体の方に異常が現れてきます。脳が、心の危険信号を発信し始めるのです。……　進行の第二期（歩行期）
3．気持ちの苦しさと比例するように身体症状が次第に強くなってくると、家族も本人さえも、何らかの病気を想像して病院を受診します。学校を休む日も増えてきます。身体

的苦痛は、さまざまな症状に形を変えながら次々と本人を襲ってくるため、結果として複数の病院を転々とし、さまざまな検査を行うのですが、身体的には病名が特定されないことも多く、最後には、精神的な治療を勧められることになります。

…… 進行の第三期（進行期）

4．休日や平日の午後には身体症状も出ず、また精神病とも思えない本人の状況を見て、「怠け」や「甘え」、「わがまま」という疑念が湧き、再び家族（周囲）から、登校への励ましが始まります。そうなってくると本人はどこにも逃げ場を失い、いよいよ切羽詰まって一時は死ぬことも考えますが、死ぬのは怖く、ここで心を定め、初めて「学校に行きたくない」と親に告げます。…… 進行の第四期（放出期）

5．長い間自分で禁じ、封印していた言葉（学校に行きたくない）を、やっとの思いで吐露したのに親や学校等の周囲の大人に受け入れられなかったとき、子どもは、「やっぱりそうなのか……」とひどく失望し、再び心を閉ざします。そのまま日を追ううちに、子どもはどんどん心の孤独と闇の中に陥っていき、家に引きこもるようになります。家でひとりで過ごす時間が長くなると対人恐怖や人間不信がどんどん強くなっていきます。そしてついには一切の希望を失って、自死の方法を考えるようになってしまいます。

…… 進行の第五期（内向期）

　これで終わりではありません。このように長い経過をたどって苦しみ続け、学校に行けなくなってからも、長期欠席の進行は何年経ってもとどまることなく深い闇へ続いていきます。

　1985（昭和60）年に翼学園（当時の翼文庫）を開設以来、学校に行けなくなっていく子ども達の一連の経過を長期的に観察するうち、長期欠席が目に見えて進行していく経過は、個性の違う約100人中のどの子もほぼ同様に進行していくことに気がつきました。また、一人ひとりの状態が異なっていても、子どもの持つ特性や子どもを取り巻く環境などを一人ひとり分析し、その分析結果と状態とを兼ね合わせ、大きく進行経過に沿って整理してみると、長期欠席の全貌を進行の第一期～第五期に解釈できることもわかりました。相談を受けるほとんどの子どもの例が、そのどこかに該当し、長期欠席そのものを構造的に理解することで、説明も容易になりました。

　以降、長期欠席の進行の状況を第一期～第五期に分けて捉えていくことで、どのケースにおいても長期欠席中の子どもの心理理解がスムーズに進み、長期欠席が進行していく経過が明解に整理されていくことを確信しました。

　以上のような経緯を経て、約10年間で学校復帰した翼学園生およそ100人分の状況分析結果をまとめ、長期欠席は大きく分けて第一期から第五期の5段階で進行していくことがわかりました。そして生まれたのが「翼学園の五段階理論Ⅰ　長期欠席進行の分析　第一

期～第五期」です。

　さらに、その分析基準は、一人ひとりへの解決法や指導法を導くための大きなヒントや足掛かりになることから、理論Ⅰをもとに学校や社会復帰までの指導法も五段階別に整理してみました。それが「翼学園の五段階理論Ⅱ　五段階別のケアと指導」です。

　一人の長期欠席の子どもを救出するために必要なことは、まずその子どもの心理をしっかり理解することです。子どもは、一人ひとりさまざまな個性を持ち、感じ方や考え方もみんな違います。また子どもは、取り巻かれた日々の環境に大きな影響を受けて生きています。学校教育現場での環境・家庭生活上の環境・地域や友人との人間関係などでどのようなことが起きているのか、その正確な把握も子どもの心理理解のカギとなります。

　長期欠席に陥っていく子どもの心理理解や指導計画を組み立てるとき、一人ひとりの持つ個性と、本人を取り巻く環境の把握、この２つが不十分では、全くの的外れな指導内容になりかねません。また、これまでの数多くのケースや成功例に学ぶことも必要です。

　翼学園五段階理論Ⅰ・Ⅱは、1995（平成７）年に地域の教職員研究集会で長期欠席について講演依頼を受けたとき、初めて公の場で発表しました。

2　「子ども達のSOSを受けとめて」開催

　教職員研究集会での講演を皮切りに、翼学園主催の拡大学習会、「子ども達のSOSを受けとめて」（資料3-1）を開催するようになりました。

　この学習会では、子どもの長期欠席で悩んでいる地域の方々や学校の先生方を対象に呼びかけ、翼学園の五段階理論で長期欠席になった子どもを救い出せることを来場者に訴え続けています。近年では毎年１回の開催を続け、翼学園を卒業して元気に復活した子どもの体験談や、親の思いなどを、「子ども達のSOSを受けとめて」の会場で、直接本人に語ってもらう場面も作り、会場から子ども達への質問時間も設定するなどして、多くの共感や感動を得ています。

　大人の学習会である「子ども達のSOSを受けとめて」に登壇協力してくれる子ども達は、長期欠席を乗り超えて翼学園を卒業し、現在は学生や社会人として活躍している元翼学園生です。彼らは「今、相談する所もなく苦しんでいる人達のために役立ちたい」と、毎年大勢が喜んで協力してくれます。会の中では、かつての長期欠席を乗り越えた翼学園OB達が「今、学校に行けない子どものお父さんやお母さん、私たちは『学校に行かない』という選択をしたのではなく、どうしても行くことができなかったのです」「きちんと導いてあげてほしい。そうすれば今の自分のように元気になれるんです。どうか子どもを諦めないで」と、自分の体験をもとに真剣に訴える姿が心に響きます。

資料3-1　「第20回 子ども達のSOSを受けとめて」に配布した案内プリント

　「子ども達のSOSを受けとめて」の学習会は、今年度も松山市総合福祉センター1階大会議室にて開催する予定です。

3　長期欠席が進んでいく子どもの心の状態

　翼学園の五段階理論Ⅰ・Ⅱを初めて発表した日から30年近い月日が経ち、現在まで約750人の子どもを長期欠席完治へ導き続けました。

　もちろん、この長い月日の中で五段階理論が全く何も変わっていないわけではありません。社会情勢や家庭生活の状況、学校生活などの環境は時代の流れとともに変わりゆくものです。その中で育つ子どもはすさまじい勢いで変化しています。翼学園ではそれらさまざまな個性や心の機微をとらえ、心理理解や指導内容も幅広くなり、さらに細やかさを増し、年ごとに進化を続けています。けれども基軸となる五段階理論の分析や指導法は変わることなく、翼学園の中にしっかり根付き大きな実践成果を出し続けています。特に近年では毎年約20人の青少年の長期欠席を完治させ、学校や社会復帰を実現しています。

　この第3章では、「長期欠席進行の分析」を取り上げ、長期欠席が進行していく第一期から第五期、それぞれに「子どもの心身の状態」を記述した後、「早期発見のための着眼点」と「発見後の対処・子どもへの良い対応」を添書きしています。

　ここで改めて、長期欠席が芽生え、次第に進行していく第一期から第五期までの五段階を頭に入れておきましょう。

翼学園の五段階理論Ⅰ　長期欠席進行の分析　第一期～第五期	
第一期（潜伏期）	初めての集団生活で友達と自分の違いに戸惑い、自信を失い疲弊する毎日
第二期（歩行期）	学校に行きたくない気持ちを自覚するも親に言えずに心に溜め込み、身体への異常が発生する
第三期（進行期）	学校に行きたくない思いが募り、心の苦しみに伴い身体症状が悪化し、病院へ
第四期（放出期）	自殺を考えるようになり、「学校に行きたくない」と親に初めて打ち明ける
第五期（内向期）	心の孤独が深まり、人間不信や対人恐怖で人が変わったようになる

～長期欠席は未然に防げる～

　翼学園ではこれまで、どの時期、どの状態で相談に来られても、子どもの状態を理由に受け入れをお断りした例はありません。深刻な状態にひっ迫した子どもの相談こそ重要です。翼学園では行政や医療その他の機関と提携し、協働してどの子もいつかケアや治療を完了して、学校や社会復帰できるまで導いています。

　しかし、長期欠席が始まってからすでに10年以上も経ち、あちらこちらの病院を受診したあげくに家に引きこもって鬱症状や激しい興奮が続くなど、心的症状が重篤になればなるほど、心のケアや治療も難しくなり、全回復までの時間も長期間かかります。

　早期発見は、早期のケアと指導につながり、長期欠席を未然に防ぐことにもつながります。未然防止のために必要なことは、次の2つです。

1．「長期欠席進行の分析」における第一期、遅くても第二期の初期の間に翼学園に相談に来ていただくこと
2．次に、保護者と翼学園は確かな連携を取り、両者で等しく丁寧な心のケアと適切な治療や指導を行うこと

　この2つを確実に行うことで、子どもを長期欠席に陥らせず、未然に防ぐことができます。具体的な方法については、以下で詳しく述べていくことにします。

4　長期欠席進行の第一期（潜伏期）

> 長期欠席は、初めての集団生活で芽生える。友達と自分の感覚が違うことに気が付き、戸惑い、自信を失う。外では人に合わせてやたら疲弊する毎日が続いているが、家ではまだ元気な時期。

　この時期に、子どもの出すわずかなサインに気が付き、対処すれば、長期欠席を未然に

防ぐことができます。

〈進行の第一期　子どもの心身の状態〉
1．通学中の保育園や幼稚園または学校で、（先生や友達から注意されるなど）自分の欲求や行動を抑えざるを得ないことが次第に増えてくる
2．クラスの多数意見と自分の考えが真逆だったり、みんなが容易にできる作業や準備が、自分ひとりができなかったりすることが重なり、次第に自分への自信が揺らいでくる
3．外では本当の自分が出せず（または出すぎて受け入れられず）、控えめにして気を遣うようになった。そのことにストレスを感じ、疲れてしまう
4．先生や友達の言動に違和感を持ったり、腹が立つことがよくあるが、そうかと言って自分の考えにもたいして自信が持てず、何かと気持ちがもやもやしている
5．園や学校では、友達となるべく離れたところで過ごすようになった。一人でいる方が気が楽だと感じている
6．家庭では、園や学校でのことをなるべく忘れて、楽しく過ごしたいと思っている
7．園や学校に行きたくないわけではないが、毎日がなんとなく楽しくないと感じている。
8．家族と一緒にいる土日が一番楽しいと思う

〈進行の第一期　大人からの目　早期発見のための着眼事項〉
1．園や学校に出発前の行きしぶりはないが、以前のように張り切って楽しそうに出かける感じが減ってくる
2．帰宅したらすぐに昼寝をするなど、疲れている様子。夕食後はいつもの元気と明るさが戻っている
3．園や学校であったことをあまり話したがらない。しつこく聞くと、先生や友達を否定するような発言をすることがある
4．ごくたまに、ぽろっと「自分はみんなと、ちょっと違うんよね」と、意味ありげにつぶやいている
5．自宅では急に機嫌が悪くなったり、これまで以上に甘えたり、わがままを言うようなことが少し増える
6．指吸いや爪嚙み、赤ちゃん返りや軽度のチック症の出現など、気になる様子がときたま見られる
7．大好きなはずの妹や弟をいじめるなど、自分より弱い者に対して意地悪な物言いや行為が時々起きるようになった
8．園や学校が休みの日は機嫌も良く以前どおり元気なので、新生活に慣れてくれば次第に良くなるだろうと感じ、さほど気にはならない程度の変化である

5　長期欠席進行の第二期（歩行期）

> 学校に行けば苦しくなることを本人が自覚する。しかし、誰にも本心を明かさない。心の苦しみが身体にも現れ、長期欠席が確実に進み始める。

　自分は学校に行きたくないのだと、次第に本人にもわかってきますが、親には言いません。学校に行かない子どもを大人がどのように思っているか、なんとなく知っているからです。自分がそういう子どもだと思われたくない気持ちと自分自身でもまだ認めたくない気持ちが強く、学校に行きたくない心に鞭打って登校を続けているのが、第二期の子どもです。

　しかし、学校に行きたくない本心に反して無理な登校を続けることで、仮面鬱病のように心の状態が身体に反映され、何らかの体調不良が出現し始めるようになります。

　第一期との大きな区別は、子どもの心の中で長期欠席が現実的な自覚を持って進行し始めたことです。

進行の第二期でも初期なら　長期欠席はまだ防げる

　第一期のわずかなサインに気が付かず、第二期に入ってしまっても、早いうちならまだ間に合います。

　この時期の子どもは、学校に行くこと自体が苦しくなっていて、「１日でもいいから学校を休みたい！」と、心の中で強く願っています。たとえるなら、酸素の切れかかった水槽の中の金魚のように、学校へ行けば息が止まりそうな感覚で苦しいのです。学校にいる間中ずっと重い息苦しさの中にいるので、たとえ１日でもそこから解放されて、楽になりたい気持ちなのです。子どもがそういう状態になっているとわかったときは、何の条件もつけず、緊急に学校を休ませてあげることが、何よりの応急措置です。

　学校を休ませた日は、とにかくゆっくりと、穏やかに楽しく過ごさせることです。やりたいことを、思い切りやらせてみるのも良いでしょう。時間を置きながら、心に溜まったうっぷんをじわじわと吐露させて、その日は一日、子どもの心の傍にいてあげてください。誰にもとがめられず、楽しい休日を２、３日、長くて１週間も過ごせば、子どもの気持ちも切り替えられて、再び頑張る元気が戻ってきます。第二期の始め辺りなら、そのような応急対応でひとまずは子どもの心を立て直すことができます。

　しかし、ただ心身を休ませるだけでは一時的な息継ぎにしかなりません。再登校を続けるうち、同じ状態がすぐに戻ってきます。

　問題は、心を休ませた後どのような対応をするか、ということです。ここで、長期欠席にならない対策をしっかり立てる必要があります。その対応法については、後ほど6長期

欠席を未然に防ぐ（55～62ページ）で詳しく述べています。
　以下は、第一期で子どもの変化に気づかず、何の対策も取れなかった場合、長期欠席の状態が第一期から第二期に進み、さらに進行していく状況です。

〈進行の第二期　子どもの心身の状態〉
1．学校の友達と自分の「感覚」や「できること」の違いをはっきりと意識し、一緒にいても楽しくないと感じている
2．「学校に行くと、自分は苦しくなる」「学校に行きたくない」ことを自覚するが、親にも先生にもそれを知られたくないと思って隠している
3．友達や先生に話を合わせ、表面的には明るくしているが、内心では自己嫌悪や劣等感、反発心が膨らんでいく
4．明日の学校の時間割の変更や、準備物、集合時間などがはっきりわからないまま帰宅していることが多い
5．どこへ行っても、何か忘れ物をすることが多く、困っている
6．宿題ができない（書写やドリルなどの単純作業が苦痛・授業内容が頭に入りにくい）
7．日記や作文などの文章を書いて提出したり、学校で音読させられる時間やスピーチをとても苦痛に感じる
8．学校に行くと、みんなの前で、自分だけ恥をかいてしまうと思い込んでいる
9．先生が誰かを注意したり、叱ったりするのを聞くと、全部自分に言われているように感じてつらくなる（今度は自分の番だと思う）
10．時々、友達や先生が、みんな自分の敵のように思えることがある
11．夜、なかなか寝付きにくかったり、朝、起きづらい日があるようになる
12．軽い頭痛や腹痛、アレルギーが出て、つらいことがある
13．身体がだるくて保健室に行くと、「熱もないし、病気じゃないなら教室に戻りなさい」と言われてしまう
14．夜、寝る前に「明日、病気になれば学校を休めるのに」と思うことがある

〈進行の第二期　大人からの目　早期発見のための着眼事項〉
1．学校でも一人でいたり、友達と遊びたがらない
2．朝のトイレが長くなる。遅刻が多い（学校に行く決心を固めるために必要な時間）
3．学用品などの忘れ物が増える（準備物のチェックが苦手）
4．指吸いや爪噛み、赤ちゃん返りやチック症など、第一期の頃の症状がさらに激しくなり、頭皮や眉などの抜毛症（自分の髪の毛をむしる）なども加わるようになる
5．起立性調節障害・嘔吐・下痢・頭痛・微熱・喘息・倦怠感・その他のアレルギー疾患の身体症状が出現する

6．時々保健室に行くが、深く眠り込んでしまう。起こすまで目が覚めない
7．日常的に元気がなくなり、どこか身体の病気ではないかと疑い始める

6　長期欠席を未然に防ぐ

　長期欠席を未然に防ぐためには、早期発見・早期対応がカギとなります。できれば進行の第一期のうちに、子どもの小さな変化、心のSOSを発見してほしいものです。前述の進行の第一期の着眼事項以外にも、入園・入学後しばらくして、なんとなく以前の快活さが減ってきたと感じたら、迷わず専門家に相談するのが理想的です。

　家庭での細やかな観察によって子どものわずかな変化を発見し、そのとき適切な対応を行えば、子どもの心に以前のような元気や自信が戻り、長期欠席を未然に防ぐことができます。第二期にまで進行した場合でも、早期であれば、確実な心のケアとカウンセリングで長期欠席の進行をくい止め、元の元気な心を取り戻すことができる場合があります。

〈家庭でできる対応〉

　まず、園や学校からの帰宅後、本人に強い疲れが見られる日は何も聞かず、ゆっくり休ませてください。

　休日の心穏やかな昼食後あたりを狙って、保護者と2人きりのゆったりした時間を作り、何気ない会話の中で、最近の学校（幼稚園や保育園）での出来事や、先生や友達について話を聞いてみてください。何か困っていることや、楽しくない原因が見えてくるかもしれません。まず、子どもが話したいことだけを聞いてあげることが良い方法です。

　子どもの話から何事も問題が出てこないときは、「疲れが溜っているように見えて心配していた」と本人に告げ、「もし何か、嫌だと思ったり、苦しいと感じるときは、どんな小さなことでもかまわないから話してほしい」と、そのときに親の気持ちを伝えておくことが大事です。子どもは案外と、「こんなどうでもいい、小さなことを、無理に話さなくてもいい」と思っていることがあるものです。しかし、それら小さな出来事の積み重ねが、やがて始まる大きな苦しみの原因に育っていくこともあります。

〈保護者の具体的な対応法〉

1．子どもが、「自分は周りの人より劣っていてダメだ」と思い込み、自信をなくしているときは、世界中であなたはたった一人だけ。他の人も、みんなそれぞれ違っていて、それで良いということを教える必要があります。個性のある自分でかまわないのだと、自信を持たせることが大切です。
2．生活の中で困っていることがあれば、工夫してそれをクリアする方法をできるだけ具体的に教えます。

（具体例）
- 朝、起きてから出かけるまでの支度に、何かと手間取っている子どもの場合は、「朝起きてから学校に行くまでの、支度の手順と時間」を書いて目に付く所に貼り、毎朝そのメモを指針に、出かける準備を進める習慣をつけると良い
- 忘れ物が多い子どもは、毎回、持ち物のチェックシートを作り、必ず家を出る前と出先から帰る前、両方の出発前に、チェックをする習慣をつけると良い
- あちこちぶつからないように、移動するときはゆっくりと動く習慣をつけさせると良い
- 帰り道に迷わないように、曲がり角で一度振り返り、来た道、これから行く道の景色を覚える習慣をつけると、来た道を覚えられるようになる
- 身体を締め付けたり、首や身体がイガイガする着衣は避け、いつも快適で清潔な綿製品などの衣服を選べるように準備しておく
- 気温の変化や、暑さ・寒さを感じにくい場合は、その都度教えて気温を感じさせ、洋服で調節するように教える
- 通学時や体育の時間に、太陽の光がまぶしくてつらい場合は、サングラスを着用できるように、また、周りの騒音が聴覚的に苦しい場合は、ヘッドホンの着用を学校に申請する

3．学校のことをちょっと話しただけで泣き出したり、興奮したりするようなら、完全に危険信号。その場では一方的にアドバイスしたりせず、本人が話したいだけ時間をかけてゆっくり話を聞く。ひとまず全受容。その後、本人のいない場所からすぐに心の専門家に相談するのが良い。

　長期欠席を未然に防ぐためには、病院ではなく、長期欠席初期段階でのケアの経験豊富な、心の専門家に指示を仰ぐことが一番確実な方法です。

〈専門家に相談に行くときの注意〉
　子どもの心は傷つき、不安でいっぱいな状態です。自分が学校へ行かないことを、親がいろんな人に相談していることを知ると、たまらなく苦しくなります。
　初めての相談場所へは、子どもには言わず、必ず保護者だけで行くことです。本人を連れていくのは、今後も信頼して相談できる所だと保護者が確信してからで遅くありません。また、2か所以上の相談機関を継続的に併用しないことも基本事項です。別々の相談機関で異なる方針の指導を受けることで、計画的なケアや治療が前進しなくなります。

〈翼学園の初回カウンセリングの場合〉
1．初回は、当事者である子どもに相談に行くことを知らせず、本人を連れて来ないでく

ださい。
2．子どもの生育歴を詳しく知っている保護者と、現在その子どもを養育している家族（大人）が全員で来られるのが最も理想的です。それぞれの視点から感じている子どもを話していただくことで、子どもの全体像が見えてきます。
3．初回カウンセリングには、必要な提出・提示物があります（提示物はその日のうちに返却します）。以下のａ．～ｅ．を、なるべく子どもの知らないところで準備し、持参してください（子どもの気持ちを傷つけないための配慮です）。

初回カウンセリング時に必要な提出・提示物

ａ．翼学園専用の問診票（提出）
　翼学園所定の様式（図3-1）に沿って、本人の出生時からの生育歴、家庭・保育園・幼稚園・学校・その他の、本人を取り巻くこれまでの環境、また、これまでの社会生活で本人が友達や先生とどのようなかかわり方をしていたか、その人付き合いの関係性や具体的なエピソード等、詳しく記入したものを提出していただきます（提出は後日で構いません）。
※初面談では、保護者から口頭で伺います。

図3-1　翼学園専用の問診票

b．子どもの作品・作文など（提示）
　幼少時から現在までの、本人の描いた絵画や作品・詩や作文・日記・手紙をできるだけたくさん当日持参していただき、その場ですべてに目を通し、ここでは主に、心の成長度や発達上の特性の状態・家族との関係性などを見ます。
c．子どものノート類（提示）
　使用済みの算数（数学）・国語の学習ノートなど。おおまかな学力や物の感じ方、性質や個性を見ます。
d．通知表（提示）
　これまで受け取った通知表をすべて。学校での本人の立ち位置や、友人や先生とのおおよその人間関係を読み取ります。
e．写真（提示）
　本人の元気な時代の顔写真と、最近の写真。集合写真など。表情の変化や、集団の中での表情を見ます（鬱状態では写真撮影自体がつらいことが多いため、カウンセリング用にわざわざ用意する必要はありません）。

　a.～e.の提出・提示物は心の状態や個性のアセスメント、また、今後の指導計画を立てる上での大変重要な参考資料となります。具体的には、本人の持つ個性や心身の発育の仕方・過去の体験や現在の状況・社会性・人生観・道徳観等を捉え、学校生活では何が得意で何に困っていたか、友達や先生との人間関係はどうだったか、家族間ではどのような存在位置で、どのように扱われ、どんな生活ぶりだったかを、提出されたすべての資料と来談者である保護者の話を組み立てて心理査定の予想を立てます（まだ本人と会っていないので、あくまでも予想の段階です）。
　この時点で心理査定予想を立てるとき、最初の留意点は、提出資料の内容と、来談者の話の内容が一致しているかどうかという点です。仮に、本人の実質的資料と保護者全員の話がほぼ一致している場合は、心理査定予想が立ちやすいケースです。しかし稀に、それらが同一人物とは思えないほど一致しない場合もあります。そういう場合は、本人の面談を行って人物確認ができるまで保留にします。さらに隠れた問題が潜んでいる場合もあり、いかなるケースにおいても、今後の指導計画は特に慎重に進めていく必要があります。
　次に留意したいことは、本人の発達特性の有無や傾向を発見し、より正しく心理アセスメント（心理査定）ができるようにすることです。そのために翼学園では、できるだけたくさんの資料を提出・提示していただき、そのすべてに目を通しています。

〈発達特性の発見や傾向の把握は重要〉
　人には皆それぞれの個性があり、それ自体には何の問題もありません。ただし、少数派

型の個性が強すぎると、多数派を基準に作られた集団生活では、本人にとっては不快感や不便さを我慢したり、頻回に失敗を重ねて自信を失ったりと、さまざまな場面での生きづらさを耐え忍んで生活することになります。また、その不便さや生きづらさを周囲に理解されにくいことも、さらに苦しさを倍増させます。その少数派型の個性を、本書では発達特性と表現することにします。

　子どもが園や学校などの集団生活を楽しめなかったり、どうしても集団に馴染みにくい場合、そこに発達特性の問題が大きくかかわっている可能性も考えられます。近年は発達特性の問題で学校に行きづらくなる子どもが特に多く、翼学園に入学してくる子どもの多くがそのケースに該当しています。

　発達特性は生まれつき本人の持っている個性のことで、育て方等、後天的にでき上がるものではありません。

　翼学園では保護者の初面談時に、簡単な診断チェックシート〈特性の強い子どもの特徴〉（図3-2）にチェックを入れてみることで、我が子の発達特性をおおまかに理解し、保護者に受け入れてもらう方法を取っています。

　心理検査については次の第4章で述べますが、より正確に特性の内容を数字化して把握したい場合や、きちんと社会的な理解を得る必要があるときには、WISC（児童向けウェクスラー式知能検査）やWAIS（ウェクスラー成人知能検査）等の専門的な心理検査を受ける方法もあります。

〈子どもを取り巻く環境の整備〉
　子どもの置かれている環境をよく見ると、そこに問題が隠れている場合があります。即刻解決できるものから、専門家の手を借りなければ解決が難しいものまであります。

　学校の環境
　1．いじめにあっている
　2．先生が怖いと感じている
　3．友達がいなくて淋しい
　4．学校では、人前での発表や挨拶など、苦手なことが多すぎる
　5．宿題が多すぎて、とても苦痛を感じる
　6．いつも忘れ物をする。準備をしていると頭が真っ白になる
　7．友達や先生の話が、何を言っているのか分らないことがある
　8．授業内容が頭に入りづらく、とても疲れる
　9．大勢の人と一緒にいること自体が苦痛　　など

　家庭の環境
　1．貧困・借金など、解決できていない金銭問題がある

図3-2　診断チェックシート

〈 特性の強い子どもの特徴 〉

（1）言語
☐ 1. 言われた言葉どおりに受けとめる
☐ 2. たくさん・ちょっと等のあいまいな言葉はどのくらいなのか見当がつかない
☐ 3. はっきりした数字で説明すると納得するが、例外は想像しにくい
☐ 4. 冗談が通じなかったり皮肉・ほのめかし等、含みのある言葉は伝わりにくい
☐ 5. ちょっとした否定の言葉でも、自分を全否定されたと受けとめる
☐ 6. 一度に二つ以上のことを言われると混乱する

（2）視覚
☐ 1. 耳で聞いたことは理解しにくいが、紙に書いて渡すと理解できる
☐ 2. 背中・後ろなど、視界に入らないものは意識しにくい。または忘れている
☐ 3. 方向感覚が弱く、道に迷いやすい
☐ 4. 後ろから声を掛けられると、とてもびっくりする

（3）身体
☐ 1. 突然耳に入る大きな音がとても苦手。音や光・においにとても敏感
☐ 2. 球技が苦手。ブランコや縄跳びなど感覚的なスポーツも苦手
☐ 3. 身体にさわられるのが苦手。肩をポンとされても不快感がある
☐ 4. 皮膚感覚が敏感。服のタグや、ハイネックのセーターなどが苦痛
☐ 5. 頭痛や便秘、睡眠障害に悩まされることが多い

（4）感覚
☐ 1. 良いことよりも、悪いことやマイナスイメージの記憶が強く心に残る
☐ 2. 誰かが叱られていると、自分が叱られている感覚に陥る
☐ 3. 夢中になると、過集中になり、疲れに気が付かないことも多い
☐ 4. 常に自分に自信がない
☐ 5. 自分の感覚は正しく、相手が間違っていると感じる
☐ 6. 書きながらしゃべるとか、複数のことを一度に行うのは苦手
☐ 7. ちょっとしたことでも怒りが湧きやすく、自分では抑制がきかない
☐ 8. 完璧主義。失敗を異様に恐れる。感情の起伏がとても激しい

（5）生活
☐ 1. 初めてのことや急な決定や変更、環境の変化がとても苦手。外出が嫌い
☐ 2. 忘れ物や失くし物が多い。時間割を見ても、学校に持っていくものがわからない
☐ 3. 時間の感覚に乏しく、約束の時間に間に合わないことが多い
☐ 4. 規則や時間にこだわりが強く、例外や他人の間違いは許せない
☐ 5. 同世代の子ども達とうまく話したり遊ぶことができず孤立してしまう
☐ 6. 会話が一方的。ひとりごとも多い
☐ 7. 気持ちをコントロールできず、ケンカになりやすい
☐ 8. 食べ物の好き嫌いが多く、決まったものしか食べない

2．母親（父親）が長期的で重い病気を患っている
3．虐待やネグレクトを受けている
4．家族間の不和が続き、喧嘩が絶えない家庭環境である　　など

その他の環境
1．近所からの騒音や、嫌がらせやいじめがある
2．親戚関係とのトラブルや悩みがある　　など

　上記以外でも、家族だけでは解決が難しい問題を複数抱えるケースもあります。翼学園では、必要な場合は医師や弁護士などの専門家や、福祉行政の窓口と相談して、それらが解決するまで導いています。

〈継続カウンセリングや漢方薬での補助〉
　親や子どもの特性が強く、社会生活上の苦しみが激しい場合、カウンセリングを継続したり、ときには漢方薬を用いての体質改善を勧めます。特に怒りや落ち込みなど、激しい感情のコントロールがうまく調節できない場合や、疲労感が強い、皮膚や鼻腔・食物などのアレルギー、頭痛やめまい、下痢や便秘などの胃腸障害を起こしやすい場合、薬剤過敏のある子どもが多いこともあり、副作用や依存性の極めて少ない漢方薬を勧めています。
　漢方薬はもちろん医師に処方してもらっていますが、長期欠席は精神病ではありません。精神病薬の服用は学校復帰にはつながらないばかりか、強い副作用による不測の症状を招くためお勧めしません。

〈子どもに合う学校の再選択〉
　以下のようなことが判明した場合、転校をすることで、長期欠席を防げる場合もあります。
1．全く解決のめどが立たないいじめにあって苦しんでいるとき
　→近隣の学校への転校を勧めるケースもある
2．平常の授業速度について行けず、学習がほとんど進まないことを本人がつらいと感じている場合。また、支援学級に入っても順応が難しい場合
　→心理検査などを受けて、その結果によっては支援学校への転校を勧める場合もある

　以上、述べてきたように、子どもの長期欠席を未然に防ぐためには専門的支援が必要です。本人の持つ個性・取り巻く環境などさまざまな視点から子どもの困難さをきちんと理解して支援し、確実に救い出すことが必要です。
　支援方法も決して簡単なことではありませんが、とりわけ難しいのは、進行の第一期、

または第二期の初期段階で、子どもが発信している危険信号を発見することです。

　早期発見さえできれば、翼学園にご相談いただいた場合は、ほとんどの子どもを上記の方法で支援し、長期欠席を未然に防いでいます。

7　長期欠席進行の第三期（進行期）

> 学校に行きたくない思いが募り、心は鬱状態。精神的苦痛が身体の不調を強め病院を転々と受診するが、病理が見つからない。

　長期欠席第三期への進行は、心の状態の悪化に伴うさまざまな身体症状の出現が判断基準の一つです。

　この時期になると、子どもの心はずいぶん暗く重くなり、学校に行きたくない気持ちが募っています。けれどもまだ学校に行きたくないことを誰にも言い出せず、我慢をして登校を続けます。

　心が秘密の苦しみでいっぱいになり、爆発寸前になってくると腹痛や頭痛以外にもいろんな身体症状が現れてきます。しかしどこへ行っても対処療法だけで、原因となる病名は付きません。そうすると身体の症状は次々と現れ、結果として病院を転々と受診することになります。

　第三期は、心の苦しみと身体症状との闘いの時期です。

〈進行の第三期　子どもの心身の状態〉
1．学校に行きたくないとはっきり言えず、体調の良い日はなるべく我慢して登校している
2．夜なかなか寝付けず、朝になると体調が悪くなってつらい。登校時間を過ぎると不思議に具合がよくなるので、嘘をついていると思われている気がして不安になる
3．学校ではますます勉強がわからなくなる。以前は得意だった教科まで、今では全く授業についていけない。授業中は自己嫌悪と歯がゆさでいっぱいになり、全く集中できないため授業内容が頭に入らない。とても苦痛な時間でしかない
4．休み時間はクラスのみんなはとても楽しそうにしていてうらやましい。誘ってくれる子がいて話の輪に入ってみても、みんなとはまるで話が合わない。自分一人だけが取り残されているように感じ、ますます孤独を感じてしまう。結局一人でいる方がいい、という思考になっていく
5．登校した日は、理解が追い付かない授業を一日中聞いているのが苦痛で、保健室や相談室で過ごしたり、体調不良を理由に早退する日もある
6．午後からの登校や相談室登校、部活だけの登校をするようになる。すると今度は、ク

ラスのみんなはもうどこまで勉強が進んだかなと気になる。取り残されるのはいやだけど、かと言って勉強をする気力は湧かない
7．前日の夜は、明日は学校へ行こう、行かなければと真剣に思うけれど、朝になると起き上がれない日が多くなる。何か悪い病気ではないかと、自分でもとても不安になる
8．どう頑張っても学校に行けない日が増える。休んだ日は気持ちが重苦しく、それを吹っ切るためにゲームや動画に没頭して現実逃避している。そうやって学校やクラスのみんなのことを忘れる時間はあるが、思い出すといつも胸がぎゅっと苦しくなる
9．自分は長い間こんなに苦しんできたのに、学校の先生や親は何も知らないで、自分をどうにか登校させようと必死で策略していると想像するだけで怖い
10．「身体の病気ではないと病院で言われたのだから、あとは気力だけ。いつもゲームなどして元気なのだから、学校に行こうと思えば行けるんじゃないか」と直接家族や学校の先生に言われると、家族を含めて周りの人間はみんな自分の敵、自分は本当にひとりぼっちだと思う
11．いっそのこと死んでしまいたいと思う。夜眠るとき、朝になっても、このままずっと永遠に目が覚めなければいいのにと願って目をつぶる。泣きながら眠りにつく日も増える
12．自殺する方法もいくつか考えてみたけど、やっぱり死ぬのは怖い。かといって、もうこれ以上耐えて登校は続けられない。とっくに心の限界に達していると感じている。いつかきっと、学校へは行かないと親に言ってしまうかもしれないと思う。もしそうなったら、自分はもう終わりだと思う。どちらを選ぶとしても、恐怖心でいっぱいだ

〈進行の第三期　大人からの目　早期発見のための着眼事項〉
1．学校に行き渋る傾向は見られるが、説得すればなんとか登校はする
2．朝になると体調が悪くなる。午後からはとても元気。ゲームなどに没頭している。病気なのか元気なのか、判断がつかない
3．体調は常に不調を訴え、何らかの病気を疑うが、病院で検査を受けても原因と思われる身体的な病理が見つからない。病院では、原因不明の頭痛・腹痛や下痢などについては「心因性のもの」、朝起きられない症状については「起立性調節障害」と診断される
4．休む日が増え、まばらな登校状態が続く。登校しても保健室や相談室で過ごしたり、早退してくる日が次第に増えてくる。家に帰ると元気である
5．成績が一気に下がったが、本人は平然として気にしている様子があまり見られない（大人からはそのように見える）
6．家庭では無口になり、常に不機嫌。ゲーム等以外では、長い間笑った顔を見ていないと思う。しかも、次第に顔の表情がなくなってきた気がする

7．車で送迎登校した朝、先生が出迎えてくれると場面緘黙(ばめんかんもく)が起き、朝の挨拶も返せず車の中で身体が硬直したり、門の前で動けなくなったりすることがある
8．眼の表情がなんとなく曇っている。動きも感情も鈍く、以前好きだったことにも興味を失って、家族旅行にも行きたがらない。楽しそうに見えることがなくなってくる。ただ黙々とゲームをしている後姿を見ると、鬱症状のようにも感じる
9．ちょっとしたことで、突然激しく怒り、家族に当たり散らしてみんなを驚かせるので、情緒不安定なのかなと思う
10．授業以外の、学校の楽しい行事に誘われ、自分で行くと言って出かけたのに、家に着くなり、ずっと部屋に閉じこもっている

〈進行の第三期　発見後の対処〉

　第三期に入ると、子どもは心身ともに大変苦しい状態になり、日増しに元気を失っていきます。この状態になった頃には、保護者が子どもの異変に何も気がつかないということは、まずありえません。子どもの身体症状に気がつき、どこにも病理が見つからなかった場合は、その身体症状はほぼ心の苦しみの表出です。長期欠席進行の第三期を疑ってください。

　心の内の苦しみが身体にまで及んでくる、ということを考えてみるだけでも、それがどんなに長く、強い苦しみであったか、ということがわかります。大人なら、そのような究極の状態になれば、四六時中休みなくそのことばかりを考え続け、すっかり神経を痛めて寝込んでしまうところですが、子どもの場合は、脳が自然に危険回避をしてくれます。悩みや苦しみを、ずっと継続する集中力が切れて、しばしの間忘れさせてくれるのです。

　子どもの集中力が切れることは、子どもの脳や命を守るサーモスタットが有効に働いているということです。それが、おいしい食事の時間であったり、楽しいゲームの時間であったりします。ここで大人は子どもの気持ちがよくわからなくなりがちですが、決して元気になったわけではありません。このサーモスタットの役割が、子どもを守るためにいかに重要かということも、あえてここに述べておきます。

　第三期まで進行すると、もう家庭や学校だけで完治させることはできません。なるべく早急に、専門家に相談に行くことを勧めています。

　翼学園に相談に来られる場合は、まず本書56ページの〈専門家に相談に行くときの注意〉を守ってもらった上で、電話での申し込みになります。その後は、56〜58ページ〈翼学園の初回カウンセリングの場合〉から以降に記述したように、カウンセリングでのケアと治療を始めることになります。

　初回カウンセリング時の注意とその後のカウンセリングの流れは、進行の第一期から第五期まで、どの段階で相談に来られても同じように進めていきます。

〈進行の第三期　子どもへの良い対応〉
1．子どもが学校へ行き渋るときは、あれこれ言わずすんなり休ませるのが良い
2．子どもの言葉を信じること。特に、体調不良を訴えてきたとき、疑いの言葉を返したりしないで、優しい言葉をかけること
3．担任や保健室の先生、部活の先生等と直接電話連絡を取り、学校での子どもの様子を具体的に聞いてみる。また、家庭での表情が暗くなったことや、実際に体調が悪いことを伝え、注意して見てもらうよう依頼しておく
　※ただし、この相談が絶対に本人に伝わらないようにすることが必要。そのためにも、相談は電話が良い。先生方にはそれぞれに、固く口止めしておくこと
4．休む日が増えたことや、成績が下がったことをとやかく言わない。家族の誰からも言わないよう、一致させておく。嫌味や教訓を言って聞かせても、第三期の子どもの状態は良くならない。心の負荷を重くするだけ。かと言って腫れ物に触るような態度を取るのも良くない。普段どおりに扱うこと
5．トイレが長い・よく泣く・夜、眠れない・イライラやけんか・愚痴や独り言が多い・その他どうしても気になる行動が目立つようなら、休日の昼間たっぷりと時間を取って、ゆっくり本人の話を聞く。話の中で学校を休みたい気持ちがあるけれど言えないのだろうと察したときは、保護者の方から切り出してやると良い
6．第三期の子どもは、まだ自分の本当の気持ちを親に知られたくない時期なので、保護者が切り出しても本当のことを言わないこともあると考慮に入れた対応を図ることが必要
7．学校に行っても友達と楽しめなかったり、苦しいと思うことがたくさんあると、とてもつらいと思うよ、と、ほんの少しでも気持ちを打ち明ける糸口を日常的に時々作ってみる
8．どうしても学校に行きたくないと思ったときは、そう打ち明けてほしい。もちろん、その日から行かなくていいし、その後のことは、気持ちや身体が十分休めてから、ゆっくり一緒に相談しよう、と話しておく
9．子どもには言わずに、急いで専門家に相談する

8　長期欠席進行の第四期（放出期）

> 何年も苦しみ続け、学校へ行くくらいなら死んだ方がましだと考えるようになった子ども。思いつめて「学校に行きたくない」と言い出したときは、すでに第四期。命の危険が迫っている。

　学校に行けば苦しく、行けなかった日は心がつらい。子どもはやがて、毎日のように自殺を考えるようになります。夜半ひそかに自殺未遂に近い自傷行為を繰り返しながら、死

にきれないでいるある日、どうせ死ぬのならと破れかぶれな気持ちで、「学校に行きたくない」と初めて本音の気持ちを言い放ちます。このあたりからを、長期欠席進行の第四期と区分しています。

　初めての子どもの訴えは、保護者にはとてもショックです。第三期の様子で、子どもの身体の不調に気が付き、喜んで学校に行っていないこともわかってはいるものの、楽しい家族旅行やプレゼントなどで何か大きな気分転換をしたり、季節が変わって体調が良くなれば、またぼつぼつ学校に通えるようになるだろうという希望で、毎日をなんとかやり過ごしていたところへ爆弾発言を受けたような気持ちになります。

　保護者が、ここで気持ちを切り替えて子どもの気持ちを受け入れさえすれば、子どもの心の傷はこれ以上深く穿孔せずに済み、今後のことを前向きに考える方向へ向かうことができるのですが、多くのケースがなかなかそうはいきません。ここに至るまで、子どもがこんなにまで苦しんでいるとは思ってもなく心の準備ができていなかった保護者には、たいへん残念なことに子どもが最後に振り絞ったSOSの声が届かない場合が多いのです。子どもの苦しみが大人の心に届かなかったとき、さらに子どもを苦しめる行為を、協力し合って続けてしまう保護者や先生方が非常に多いのが現状です。

　すでに進行の第四期に入った子どもに早急に必要なのは、心のケアやカウンセリングによる治療です。心に深い傷を負ったままの子どもに何の話を聞かせても、全く心には響きません。ましてや、授業の動画やライブ発信を見せられても、もう学校には戻れないと心に決めている本人にとっては、全くの苦痛な時間でしかありません。たとえ保護者が強引に車に乗せて学校へ連れて行ったとしても、友達や先生が毎朝迎えに来て誘って連れて行ったとしても、それが続くのも時間の問題です。いつかは本人の我慢の限界がきて、そのうち学校へは全く行けなくなります。

　第四期の子どもの心は、誰に向かっても開くことはなく、ますます閉ざされていくばかりです。

　保護者と子どもの関係性にもよりますが、初期の頃は惰性的に、まばらな相談室登校や部活登校を続けている子どもがたくさんいます。しかし、第三期の頃とは違い、頻回な病院通いをやめていること・元気であった頃と今とでは表情や心の状態が全く変わっていることなどから、本人のカウンセリングで第四期の心理状態に進行していることが発見できます。

　この第四期を放置していると、長期欠席の症状は、さらに心を閉ざして引きこもってしまう第五期へと進行します。ですから、なんとかこの第四期までに、心の傷のケアやカウンセリングを開始したいのですが、翼学園の過去の初面談のケースでは、ほとんどが次の第五期に入り、しかもその後さらに長い月日が経過してから、初めて保護者と出会う、ということが一番多いのが残念な現状です。

以降は、現実的に最も頻回に起きているケースを取り上げ、第四段階が深く進行していく順を辿って、「長期欠席進行の第四期の子どもの心理」と、「第四期の子どもにしてはいけない対応」、「学校からの望ましい支援的対応」などについて述べていくことにします。

〈進行の第四期　子どもの心身の状態〉
　第三期から第四期に陥り、さらに状態が悪化していく子どもの心の状態は、以下のように加速的に進行していきます。

1．前日の夜には、「明日は学校に行く」と自分から宣言し、時間割などを準備するが、朝になると起き上がれない、という毎日が続く
2．我慢して学校に行くことのつらさは限界に達し、もう死んだ方がましだと、一人で思い詰めている
3．「学校に行くのは嫌だ」と、親に言ってしまった夢を見たり、半ば強迫症のような、精神的に追い詰められているような日々を過ごしている
4．どうしても学校に行きたくない気持ちの朝、登校する状況になったとき、突然「もう学校に行きたくない」と言ってしまう。もう止めようのない、あふれ出るつらさを初めて言葉にする。驚いた家族から理由を聞かれても、この長い月日のことをうまく説明できない
5．あんなに頑張って学校に行きたくないと打ち明けたのに、親はまだ何とかして学校に行ってほしいと願っているのがよく伝わってくる。「一時の我儘なんかじゃない。心の中にずっと押さえつけてきた長い間の自分の苦しみを誰にもわかってもらえない」と思う
6．親が納得してくれそうな範囲で、たまに学校へ行く。登校した日は周囲に合わせているが、楽しいと思う日は一回もない
7．やがて学校には全く行けなくなる。が、まだ内心では、学校へは行くべきと考えていて、自分を許せず苦しんでいる
8．この状態でもなお、学校や家庭から、さまざまな形で登校刺激を受けると、学校に行けない自分を責めて激しく落ち込む → 死にたくなる
9．夜型生活や昼夜逆転など、生活時間帯の変化が始まる（昼間起きているのは精神的につらい）
10．眠れないままで悶々と過ごす真夜中に、自室でひそかにリストカットをしたり、何度も自殺を考えたり企てる
11．ときには大声でわめきたくなる。「誰にもわかってもらえない！」と、心の孤独を強く訴え、家族に自殺をほのめかす

12. 自暴自棄のような言動が多くなり、自分のことをゴミだと言ったり、自傷行為をしたりする
13. インターネットで、頻繁に自殺の方法を検索している
14. 自分の部屋に、完全に死ねるような自殺グッズを隠し持っている

　第四期のこの時期に入って、初めて子どもの本当の気持ちを知った保護者は、（それが命がけの告白であったにもかかわらず）一時的な我儘や怠けと判断したい気持ちになることが多く、かえって、何とかして今登校させなければこれが定着すると大変、という方向へ走ってしまいがちです。子どもを一日でも多く登校させたい気持ちで、焦るあまり次のようなことをしてしまう例がよく見られますが、以下の項目は子どもを第五期に追いやってしまう、良くない対応の例です。

〈進行の第四期　家庭でしてはいけない子どもへの対応〉
▼行き渋る子どもを、無理やり学校へ連れて行く
▼先生や友達に家に来てもらって、登校を説得してもらう
▼朝、先生や友達に家まで迎えに来てもらう
▼大幅な遅刻・午後から登校・早退でも、とにかく学校に行きさえすれば良いと勧めて送迎する
▼放課後、学校の門扉まででも行ければそれで良いと勧める
▼学校に行けた日は、ほめちぎったりご褒美をあげる
▼学校からの家庭訪問を定期的に、または毎日受ける
▼学校の授業について行けるように家で勉強させる（独習や親が付いての勉強・家庭教師・塾など）
▼家庭の中で、学校や同級生の話題を頻繁にする
▼家庭に学校の友達を招いたり、一緒に遊ぶことを勧める
▼子どもの代わりに、親が学校の授業を受けに行く
▼子どもについての相談機関や専門の病院を探し、どこが良いのか迷って転々とする
▼新しい相談機関に行くたびに、初回から子どもを連れて行く

　大人が相談するだけの場所では、子どもは立ち直れません。実際に子どもの心をケアし、確実に救済している専門の所を見つけてください。

〈進行の第四期　学校の望ましい支援的対応〉
〇児童生徒の長期欠席がずっと続いている場合、家庭からの毎朝の欠席連絡を免除し、逆

第３章　翼学園の五段階理論Ⅰ　長期欠席進行の分析　第一期～第五期

　に出席する場合のみ、連絡を受け取るようにする
○地域活動での保護者の支部役員・通学路の旗当番や、学校のPTA活動などは、長期欠
　席児童生徒の保護者の心の負担になることについて、該当する会の長に理解を求め、役
　割から外してあげるよう助言する
○長期欠席中の児童生徒が学校外の教育機関につながっている場合は、その機関とよく連
　携し、子どもの健康状態や育成・教育内容にかかわる情報を共有する
○当該児童生徒がどの機関にもつながっておらず、保護者が相談機関等を求めている場合
　には、「愛媛県不登校支援ハンドブック　～支援に携わる方々へ～」愛媛県医師会・愛媛
　県小児科医会　令和４年３月発行（資料3-2）などを参考に、保護者に紹介するのも良い

資料3-2　「愛媛県不登校支援ハンドブック　～支援に携わる方々へ～」
　　　　愛媛県医師会・愛媛県小児科医会　令和４年３月発行より一部抜粋

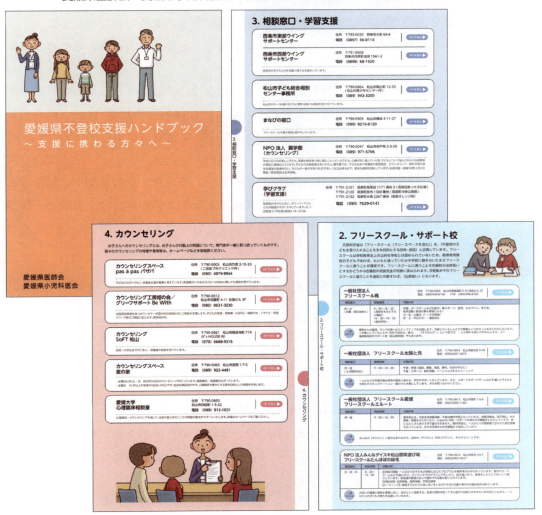

○学校と保護者との連絡方法については、基本的に保護者の希望に寄り添うこと。保護者の心的負担が大きすぎる場合は、その機関が信頼できると校長が認めた場合に、子どもの通う学校外の教育施設を間接的連絡役として選択するのが良い

○時間割や校内プリントなどについても本人に直接連絡しないで、保護者（または保護者が依頼した機関）との、間接的な連絡方法を取るのが良い

○特別授業や学校行事への参加の有無を尋ねるときも、本人の携帯やタブレットなどに直接連絡しないで、基本的に保護者（または保護者が依頼した機関）を窓口とすると良い

○学級担任は、長期欠席中の子どもに直接面会ができなくても、子どもの通う学校外の教育施設から、本人や家庭内の情報や写真などを毎月受け取り、現在の状況をしっかり把握している状態で、安心感があること

○保護者から、教室の本人の机や椅子・ロッカー・各種名簿の名前などを撤去してほしいと希望があった場合には、学年や学期の変わり目などの機会に自然な形で撤去するのが良い（他の教育施設を利用している場合は、その方が本人の気持ちが救われる）

○学級の中で、長期欠席中の生徒について大きく話題にしたり、手紙を書かせたり、家に行かせたりしない

○長期欠席中の生徒について、他の生徒に聞かれたときは、今はそっとしておいてあげてほしいと答えるのが良い。親しかった子どもが個人的に聞いてきた場合は、（他の教育施設を利用している場合は）「○○さんは、今は別の所で元気に頑張っているから、心配しなくていい」と伝える

○長期欠席中の児童生徒が学校外の教育施設を利用している場合、その機関が信頼できると校長が認め、保護者の希望によって間接的連絡役となっている場合は、放課後、施設長の指定した日時に当該施設内の見学や視察をすることができる

9　長期欠席進行の第五期（内向期）

> 自分の気持ちを誰からも理解されることはないと諦め、引きこもる。心の孤独が深まり、人間不信や対人恐怖で、日を追うごとに人格が変わったようになっていく。

　進行の第四期の間に強まった人間不信や対人恐怖は決して自然に消えることはなく、どんどん膨らみ続けてやがて第五期へと進行していきます。第五期がさらに進行していくにつれて、子どもは家族以外の人を恐れ、家庭内に引きこもってほとんど外へ出なくなります。

　前述したように、長期欠席は心の病気ではありません。しかし長期欠席の体験によって

痛んだ心の傷は鬱症状を引き起こしていくので何もしないでいては完治しません。身体についた傷と同じように、早い段階で治療を始めれば傷跡一つなく完治できるかもしれませんが、発見や治療開始が遅くなり傷が深まれば深まるほど、治療も長くかかります。また自然治癒に任せ心をいたわるだけ・見守るだけの、時を待つやり方では本人の苦しみも強く、かつ非常に長い経過を必要とする上、なんとか生傷が治まったように見える後も、傷口に苦しいケロイドが残ります。長期欠席の心の傷に残るケロイドは強いトラウマとなって心を縛る人間不信や過去にかかわった人々への怒りや怨み・悲しみ、そして自信喪失です。

そのような重い苦しみを抱えたままの人生は、本当の心の自由とは言えません。

翼学園での心のケアとカウンセリング治療は、苦しかった心の傷・怨みや悲しみ・怒り・人間不信、それらをすべて乗り越え、昇華していくためのケアと治療です。子どもが心から明るい気持ちで自分の人生を謳歌できるように、抜本的な心の傷の治療を目標としています。

〈進行の第五期　子どもの心身の状態〉

1．ほとんど家の外へ出なくなる。昼夜逆転を起こし、昼間はほとんど眠っていることが多い。起きているときでも、一日中カーテンを閉め、近所の人の目や耳から隠れるように、静かにひっそりと過ごしている
2．風呂に入らない。身だしなみには全く構わず、洗面や歯磨きもめったにせず、髪は伸び放題になっている。着替えもせず、携帯やタブレット、PCや本などに没頭して一日中パジャマで過ごしている
3．人間不信や対人恐怖が強まり、誰とも会いたがらず家族とも次第に話をしなくなる。食事後は、すぐに自室に閉じこもる（鬱的症状の出現や悪化）
4．何か気に入らないことがあったときに、大声で叫んだり泣いたり怒ったり、親や家族に暴言や暴力を振るうこともある
5．部屋に閉じこもっているかと思うと、夜になって突然外出したり、何日もほとんど眠らず過ごしたり、開き直って人を罵ったり自信ありげに論破することもある（躁的症状の出現）
6．被害者意識が強く人の言葉を極端に悪く解釈したり、ときには幻聴や幻視などの幻覚がおきることもあるので、統合失調症と誤診されやすいが、決してそうではない
7．人知れず自傷行為や自殺未遂を繰り返すようになり、本当に自死してしまう場合もある

子どもは長期欠席進行の第五期になると、昔元気だった頃の面影がすっかり消え、まる

で人格が変わったようになっていきます。そんな子どもの状態に、悩み続ける保護者や家族も鬱状態になってしまったり、子どものことが原因で家庭内不和が起きることも少なくありません。

　子どもの状態は誰の目から見ても、いつか本当に死んでしまうかもしれないというふうに、はかなげに見えてきます。かと思うと、ときには猛獣のように暴れて家族の恐怖的存在になったりもします。ここまで来たら、保護者はもう何をどうしたら良いのかわからなくなって、相談に乗ってくれそうな所や病院を探し続けるなど、とにかく家族中が苦しみ、疲弊していきます。

　翼学園では、このように悪化した状態になってからご相談を受けるケースが最も多いという、まことに残念な現状が続いています。保護者からの電話で初回の相談申し込みを受けたとき、すでに子どもを他の何か所もの相談機関へ連れて行ったことや、精神病院や心療内科を受診させたことがある、という例がほとんどで、現在も通院中という子どもが一番多く、中には、入院しているといったケースさえありました。言うに及ばず、相談に来られる時期は早ければ早いほど、子どもも家族も、早く元気になれるのです。

〈進行の第五期　子どもへの対応〉

　子どもの状態がここまで進んでしまったら、学校より何より子どもの命を守ることが最優先です。一日も早く専門家に相談に行くしかありません。

　翼学園を選んで相談に来られた場合は、保護者からの詳しい聴き取りから始めます。本書56ページ〈専門家に相談に行くときの注意〉、56〜58ページ〈翼学園の初回カウンセリングの場合〉を参照してください。

　以上、第3章では、「長期欠席進行の分析　第一期〜第五期」について述べてきました。
　子どもの心のケアや指導法に関しては、後ほど「翼学園の五段階理論Ⅱ　五段階別の指導法」で述べています。

[第4章]
心理検査

第4章
心理検査

1　心理検査を受ける前に重要な2つのこと

　　○誰のために、何の目的で実施するのか
　　○検査を受けることが被検者にとって有益であるかどうか

　学校に行けなくなったからといって、すぐに子どもの心理検査を行う必要はありません。第3章でも述べたように、特に学校や職場など公的機関に理解を得る必要性が生じた場合、また保護者や本人自身が、発達特性の内容を詳細に把握したいなど、被検者の利益につながる明確な目的がある場合にのみ、検査を受ける意味があります。
　ご参考までに、翼学園にかかわった子どもが心理検査を受けた主なケースは、以下のような場合です。
1．子ども本人が自分と他の友達は違うと感じ、その原因がわからずに悩んでいた場合
2．学校の授業についていけない原因は何か、具体的に知りたいと本人や保護者が強く願っているとき
3．幼いときから怒りっぽく、すぐに人と衝突したり、人間関係や集団生活がうまくいかず、本人も周囲の人も困っているとき
4．本人が日常生活のいたる所で不便や生きづらさを感じており、なぜ自分だけがそうなのか知りたいと願っているとき
5．特別支援学校への転校を希望しているが、在籍中の学校に理解を求めるため、適切な資料が欲しい
6．就労支援事業所を利用することが適切かどうか、その選択基準となる検査を受けさせたい
7．外ではおとなしいのに、家庭では本人の我儘や怒り、興奮が尋常でなく、しかも頻繁にトラブルがおきて、家族が憔悴しきっている
8．心療内科や精神科の病院で精神病を指摘されたが、学校には行けないだけで家庭生活では特別な症状や変化が見られない。もしかしたら発達特性かもしれないと疑っているとき
9．学校や翼学園の指導者から見て、発達特性による本人の生きづらさについて保護者に理解を求めようとしたが、それがうまくいかない場合、一つの判断材料として利用

10．その他、心理検査が本人や家族のために役立つと判断されたとき

2　心理検査の定義

　心理検査は、簡単に言えば、個人の能力や性格、適性などを測定する道具です。
　一定の課題や作業を決まった方法で行い、比較基準が統計的な数値または尺度で決まっていて、検査結果も数値化できるものです。一般的にはこの条件を満たすものを心理検査と呼びますが、広義においては投影法や描画法など、答えのない自由な回答により、被検者の深層心理を表すなど、個人の心理的機能の測定を目指すものであれば心理検査といえます。
　ここでは、長期欠席に陥る子ども達に発達個性が強い子どもが多くみられることから、多数の事例がある能力検査に焦点を当てて見ていきます。

3　能力検査

　能力検査には、標準学力検査と知能検査などがありますが、病院臨床で実施するのは、知能検査です。
　知能検査の種類は豊富で、実施方法は、集団式と個人式に分けられます。集団式は、課題に文字を用いるＡ式と、文字を用いず図形や記号を用いるＢ式、及びその混合型であるＡＢ式に分けられます。
　個人式で代表的なものは、ビネー法とウェクスラー法で、ビネー法には鈴木ビネー知能検査と、田中ビネー知能検査Ⅴがあります。
　ウェクスラー法については後で詳しく述べますが、年齢枠に応じて、次の3種類の検査があります。

1．WPPSI－Ⅲ（ウィプシースリー）幼児用知能検査2歳6か月～7歳3か月の幼児の知的能力を測定する。
2．WISC－Ⅴ（ウィスクファイブ）5歳0か月～16歳11か月の知的能力を測定する。
3．WAIS－Ⅳ（ウェイスフォー）16歳以上の成人の知的能力を測定する。

　ウェクスラー法は、知能構造の特徴や、それを通して臨床診断にも役立てることを目的としています。そのため臨床場面ではウェクスラー法が多く用いられます。

4　WISC－Ⅴ知能検査

　WISC－Ⅴは、ウェクスラー式の知能検査児童版で、原版出版社は英国 ピアソン社です。日本では2010年から使用されていますが、WISC－Ⅴ（最新版）が出版されたのは2021年で、病院によってはまだWISC-Ⅳを使用しているところもあります。

（1）WISC－ⅣからWISC－Ⅴへ
　WISC－ⅣからⅤへの主な変更点
　1．「知覚推理」が「視空間」と「流動性推理」にわかれた。
　2．「ワーキングメモリー」が聴覚的短期記憶だけでなく、視覚的短期記憶も評価するようになった。
　3．五つの補助指標ができたことで、五つの力と総合力を評価できるようになった。

（2）WISC－Ⅴ知能検査
　　原版出版社　　英国 ピアソン（Pearson）社
　　原著者　　　　デイヴィッド・ウェクスラー（David Wechsler）
　　適用範囲　　　5歳0か月～16歳11か月
　　実施時間　　　45分～60分（以前と比べてやや短くなった）

　WISC－Ⅴの解釈は、「全検査IQ」・「主要指標」・「補助指標」の三つの指標レベルで行うことができます。全検査IQ（FSIQ：フル・スケール・IQ）を含め、11の合成得点を算出します。
　知覚推理指標がなくなり、視空間指標と流動性推理指標に置き換えられました。

WISC－Ⅴ　五つの主要指標得点

指標1：言語理解（VCI：バーバル・コンプレッション・インデックス）
　言葉を理解したり説明する力（類似・単語・理解・知識）　＜結晶性知能＞
　高い場合：言語情報を正確に理解したり、伝達することができる。語彙や知識が豊富
　低い場合：語彙力に乏しく、抽象的な言葉や難しい言葉で説明するのが苦手

指標2：視空間（VSI：ビジュアル・スペーシャル・インデックス）
　空間にある物体の場所・形・大きさ・向き・物体どうしの位置関係などをすばやく正確に把握・認知する力
　高い場合：物体の形や大きさ、位置関係などの特徴を素早く正確に把握できる。図形や設計図などの理解が得意。視覚的な記憶力が優れている

低い場合：物体の形や大きさ、位置関係などの特徴を把握するのが苦手で遅い。図形や設計図などの理解が苦手。視覚的な記憶力が低い

指標3：流動性推理（FRI：フルーイッド・リーズニング・インデックス）
　推理力・新奇場面での問題解決力　＜流動性知能＞
　　高い場合：個々の出来事の関係性や共通点を見抜くのが得意（抽象化）。状況理解が正確で素早い。予想外の出来事で臨機応変な対応が得意。計算など数量的な思考が得意。場の空気が読める。応用力が高い
　　低い場合：個々の出来事の関係性や共通点を見抜くのが苦手。状況理解が不正確で遅い。予想外の出来事で臨機応変な対応ができず、混乱しやすい。計算など数量的な思考が苦手。場の空気が読めない。応用力が低い

指標4：ワーキングメモリー（WMI：ワーキング・メモリー・インデックス）
　耳からの情報や目で見た情報を一時的に記憶しつつ、その情報を使って頭の中でさまざまな処理をする力（数唱・語音整列・算数）
　　高い場合：長い指示や説明を聞いても、記憶しつつ作業できる。見聞きした情報を細かいところまで覚えている。注意力や集中力が高い。あれこれ考えながら作業できるのでミスが少ない
　　低い場合：いろいろな面で忘れやすい。指示や説明が長いと最初や最後など部分的で大雑把な記憶になってしまう。細かい所を見落とす。注意力や集中力が低い。ケアレスミスをする。考えながら作業する力が弱いので衝動的になる

指標5：処理速度（PSI：プロセッシング・スピード・インデックス）
　目で見た情報を素早く正確に処理して作業する速さ（符号：数字と対になっている記号を書き写す／記号探し：記号グループを見て、同じ記号があるかを答える／絵の抹消：制限時間内に絵を見て、特定のものに線を引く）
　　高い場合：ルーティンや単純作業をてきぱきとこなす。書字などの動作が速くて正確。目で見た物の識別が速くて正確。集中の持続力が高い。手先が器用
　　低い場合：考えることや動くことなどがゆっくりで遅い。見たり聞いたりしてから判断や判別に時間が掛かる。集中の持続が難しい。手先が不器用

　全検査IQ（FSIQ）は、上記五つの指標得点をもとに算出された総合的な知的能力の評価です。FSIQは、子どもの総合力を把握するのに役立ちますが、各指標にバラツキが大きい場合、全検査IQの解釈はあまり意味がないことがあります。
　たとえばFSIQが100（平均）であったとしても、言語理解120・処理速度80といった大きな差がある場合、全体が100あるから一般的な子ども、という見方は誤った理解につながります。

このように五つの力と総合力を評価できるのがWISC－Ⅴの特徴です。

また、ウェクスラー法の知能検査はIQだけでなく、投影法的要素が含まれているので、言語性や動作性検査への反応内容や態度から人格特徴をも読み取ることができます。

基本検査や補助検査の情報からプロセス得点を算出し、さらに詳しい分析をすることもできます。

ウェクスラー法の知能段階

IQ	
130以上	非常に優れている
120〜129	優れている
110〜119	平均の上
90〜109	平均
80〜89	平均の下
70〜79	境界線
69以下	精神遅滞

※これらの知能段階区分は田中ビネー知能検査Ⅴ（田中教育研究所作成）とは異なるので注意

IQ＝50〜69を軽度の知的障害、IQ＝35〜49を中等度の知的障害、IQ＝20〜34を重度の知的障害、IQ＝20未満を最重度の知的障害、と分類され、療育手帳などの判定は、これらの数値を参考にすることが多いです。

（3）WISC・WAIS　検査結果のアセスメントシートの実際

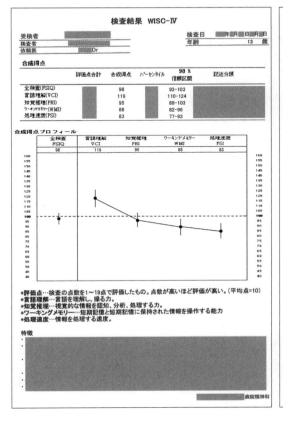
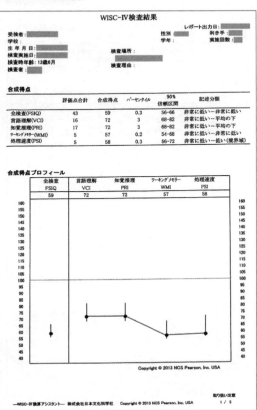

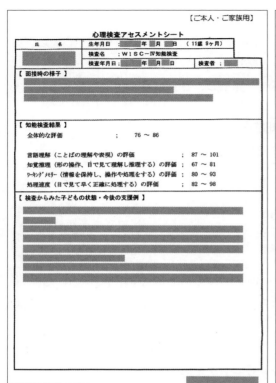
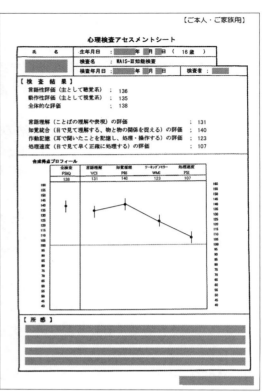
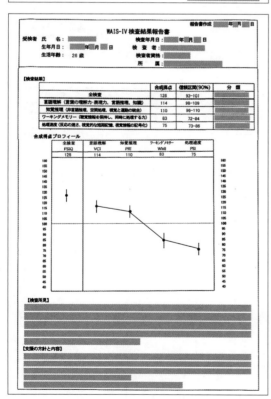

[第5章]

環境が及ぼす
子どもへの影響

第5章
環境が及ぼす子どもへの影響

1　家庭内の苦しみ

〈苦しみの原因となりうる環境〉
- 多額の借金を抱えていたり、経済的に非常に困窮している
- 夫婦間・家族・親族間の人間関係に、いじめやDVなど、解決困難な問題がある
- 保護者や家族が心身の深刻な病気を抱えている
- 保護者が極度のうつ状態である
- 虐待やネグレクトの可能性がある
- その他の問題がある

〈翼学園での対応策〉
○ カウンセリングなどで保護者の相談に乗り、問題解決と同時に保護者の心のケアを行う。心の苦しみを受けとめ、回復を援助する。ここでは特に、学校に行けなくなった我が子の状態をありのまま受け入れられるように、気持ちの整理をしたり、親としての苦しい気持ちをケアする。また、学校に行けなくなった子どもの心理や対応法を学ぶ「子育て学習」を主とした保護者への指導を行う
○ 解決のために必要な際は、家庭訪問を行う場合もある
○ 内容が特殊かつ重篤な場合は、弁護士や医師、保健所、警察署などの機関に相談し、連携して家庭内の問題解決を図る

2　地域での親子の苦しみ

〈苦しみの原因となりうる環境〉
- よその子の通学姿を見るのがつらい
- 通学路の朝の旗当番をするのがつらい
- 地域の子ども会活動やお祭りがつらい
- 近所の人からいろいろ聞かれることや、視線が怖くて家の外に出られなくなった（親子で引きこもりがちになっている）

- ●地域の民生委員が訪ねてきて子どもが学校に行かない理由をあれこれ尋ねられ、決めつけられてつらい思いをした
- ●その他

〈翼学園での対応策〉
- ○在籍中の学校の先生に連絡し、地域の役員に理解を求め、問題解決にあたる
- ○必要に応じて地域の民生委員や相談員と連携を取り、学校に行けない子どもや親への理解や接し方を促したり、その他、地域での問題を解決に導く

3　学校との連絡や登校刺激に苦しむ

〈苦しみの原因となりうる環境〉
- ●学校から家庭訪問に来られるのがつらい
- ●学校の先生から状況確認の電話を受けるのがつらい
- ●学校の先生が、家まで迎えに来るのが怖い
- ●毎朝、欠席の電話連絡をするのがつらい
- ●学校からの行事のプリントや連絡帳、テスト範囲を見ると、気持ちが焦って夜も眠れなくなる
- ●元気に学校へ行っているクラスメートから励ましの手紙をもらったり、プリントや連絡帳を届けに来られると、自分がとても惨めな気持ちになる
- ●元気なクラスメートや、制服姿の生徒を見るだけで、つらく苦しい気持ちになり、みんなが眩しく見えて我が身を隠したくなり、未来への絶望感が深まる
- ●PTA役員会議への出席がつらい
- ●その他

〈翼学園での対応策〉
- ○保護者の気持ちが疲弊しきっていたり、鬱状態になっている場合は、まず心のケアから着手する
- ○保護者と一緒に学校を訪問し、親や子どもの気持ちや現在の実情を詳しく話して、学校長や担任の先生の理解を求める。学校の先生からの理解が得られると、保護者や子どもの気持ちが非常に楽になる
- ○PTA活動に関しては、学校長を経由してPTA会長に連絡し、親子の実情を話して理解を求め、解決するように協力する

上記①〜③の〈翼学園での対応策〉は、「翼学園の五段階理論Ⅱ　五段階別の指導法」の中の第一段階の指導法の入口部分です。
　第一段階の指導法の中でも、子どもを取り巻く環境の整備は、まず最初に手掛ける仕事と考えています。特に、家庭に引きこもってしまった子どもを助け出す上では、絶対に見過ごすことができない家族ぐるみのケアです。

[第 6 章]
悲しみと怒りの互換性

第6章
悲しみと怒りの互換性

1　悲しみ

　人が、避けられない死を受容していく悲しみの過程（プロセス）を、アメリカのエリザベス・キューブラー＝ロス（Elisabeth Kübler-Ross）が5段階でモデル化しました。それが「悲しみの五段階モデル」です。

「悲しみの五段階モデル」（エリザベス・キューブラー・ロス）

死の受容過程（究極の悲しみ）
　1．否　　認 …… 悲しみを否定し、受け入れない気持ち
　　　↓
　2．怒　　り …… 他人や自分、今起きている出来事に対する怒りが湧く
　　　↓
　3．取り引き …… 何とかしたい。奇跡が起きるのを待ったり神頼みや善行などをやってみる
　　　↓
　4．抑　う　つ …… 逃れられない現実を認識する
　　　↓
　5．受　　容 …… 悲しみを受け入れる

2　怒り

- 怒りは防衛本能である
- 怒りは二次感情（二番目に出てくる感情）である
- 怒りよりも先に出てくるネガティブな感情が一次感情であり、（悲しさ・寂しさ・恥ずかしさ・悔しさ・不安・困惑・恐れ・屈辱等）その感情が二次感情を引き起こす要因となる
- 一次感情（悲しさ）でいっぱいになった心から二次感情として溢れ出すのが怒りである
- 怒りのエネルギーはとても強い

　　　　　悲しみ ⇔ 怒り

　悲しみと怒りは表裏一体であり、感情の起伏により、どちらにも変化します（常に互換性がある関係）。また、一時感情では戸惑いや悲しみだったものが、時間が経つと次第に「否認」から「怒り」に変わっていくのも特徴的です。「怒り」の感情に移行していても、本人は悲しみとしての自覚が続いている場合が多いため、怒りという自覚がない場合も多

くみられます。

　カウンセリングを行うときは、主訴が「悲しみ」・「怒り」のどちらの場合でも、まずは怒りを解く心のケア（アンガーマネジメント）が有効です。クライアントの心を落ち着かせ、心の奥の怒りを解いていきます。激しい怒りがひとまず収まったら、次には受容できるまでゆっくりと心を導き、さらに時間や日数をかけて希望へとつなげていきます。

　カウンセリングの終了は、心に明るい希望が灯ったことを確認できてからになります。

3　鬱と躁

　鬱症状：悲哀感を伴う抑鬱感。劣等感・無力感・罪責感・焦燥感・悲観・絶望・希死念慮・仕事や勉強への意欲低下・無気力・不眠・食欲減退・考えがまとまらない等。二次感情として怒りや嘆きが湧いてくる

　躁症状　：気分高揚・楽天的思考・興奮・多弁・多動・軽率な行動・浪費・けんか・睡眠欲求の減退による不眠など。他人の抑止が効かず、誇大妄想や万能感・自己過信・怒りが湧く。本人の病識があまりない

　躁鬱病の中には、鬱状態と躁状態を交互に周期的に繰り返すタイプ（双極性）と、鬱状態または躁状態のどちらか一方を周期的に繰り返すタイプ（単極性）がありますが、人格の崩壊が起きることは、ほとんどありません。

　鬱病の場合、「内因性の鬱病」という表現を使われることがあります。これは、心の悩みなどで一時的に引き起こされる「抑鬱神経症」と区別するためのものです。

　抑鬱神経症とは、抑鬱感を主とした症状の神経症です。長期欠席に陥った青少年に起きる鬱症状に多く見られます。

　鬱と躁は両極性の関係にありますが、どちらも器質的障害（脳機能や身体上の疾患や機能障害が起因となるもの）によるものではなく、気分障害（精神・心理的な要素が起因となるもの）に分類されるものです。

　鬱と躁では、最初に表出する感情は異なっているのですが、ある程度の時間が経つと、鬱症状は第二次感情としての怒りや嘆き、不眠の症状が起きて、躁症状で起きる怒りや嘆きと区別をつけにくいような、共通した症状を呈することがあります。

　鬱症状や躁症状を起こしやすい人格タイプとしては、真面目で几帳面、繊細で完全主義者が多いという共通点もあります。

　双極性障害の場合、躁症状の後には鬱症状が現れ、自分自身についても深く落ち込んだり、激しい気力減退などの精神的症状のほか、倦怠感などの身体症状もみられます。

[第 7 章]
バウムテスト・樹木画テスト

第 7 章
バウムテスト・樹木画テスト

　木を描かせて、その絵をその人の心理状態やパーソナリティの表現とみなす着想は、スイスの職業コンサルタント、エミール・ユッカー（Emil Jucker）によって初めて提唱されました。

　バウムテストや樹木画テストは投影法の一つです。心の内面にあるものやパーソナリティを映し出します。

　投影法は種類が多く、ロールシャッハテスト・主題統覚検査（TAT：Thematic Apperception Test）・箱庭療法など、36種類もの検査法がありますが、バウムテストや樹木画テスト・HTP法（House-Tree-Person Test）という家屋・樹木・人物を自由な位置に描く検査法、風景構成法（LMT：Landscape Montage Technique）などは、日本でよく使われている検査法です。風景構成法（LMT）は、箱庭療法を統合失調症に適用する際の適否の識別法として、箱庭の3次元を画用紙の2次元に落とすという奇抜なアイデアで考案されたもので、現在では優れた治療法でもあると言われています。

　これらのテストの特徴は、簡単に実施できることと、被検者に検査を受けているという感覚を持たせずに行えるため、広く臨床に用いられています。一方で、解釈は難しく、かなりの熟練を要します。

　「実のなる樹」と規定して描かせる心理テスト（カール・コッホ〈Karl Koch〉のバウムテスト）に比べ、ジョン・バック（John Buck）の樹木画テストは、「実」という教示がなく単に「木」を描かせ規定しないため、心理状態やパーソナリティの特徴の表現を詳しく見ることができます。

　樹木画テストで、自発的に描かれた木の幹や葉、実などが表現する内容には、次のようなものがあります。

　1．自信や夢
　2．自己肯定感
　3．依存欲求
　4．拒否された経験
　5．失望やあきらめ
　6．心にある傷や悲しみ
　7．子どもへの関心
　8．母親としての愛情・信念
　9．その他

1　実際の描画表現の例と解説

（1）樹木画テスト

　樹木画テストは、まず気持ちを落ち着かせて、静かでゆったりした環境の中で始めます。
　「現実の木を見ずに、イメージの中だけで木を描いてください」と言われると、いくらさまざまな木を描こうと試みても、さほど変化に富んだ木が描かれるものではありません。本人の好みや個性、過去や現在の心理状態の一側面を投影する仕上がりになります。つまり、木という単純な対象の表現の中にも、描く者のさまざまな状況での存在様式が投影されてしまうのです。
　樹木画テストの大まかな解釈では、主に木の主幹部分には現在の自分を、土に近い木の根元部分や根の部分には過去の自分の実績や独立心、自信の根幹となる礎を、また、葉や実のある木の上部には、自分の未来への夢や希望、喜びなどが、無意識のうちに投影されています。
　しかしこの解釈はあくまでも大まかな基準であり、実際には1枚ごとにそれぞれ精密的確な心理分析が必要です。
　ここからは、翼学園で過去に行った19枚の描写画と、それを描いた人物の解説（実際の生活状況）や心理分析を表しています。

　次の2枚の樹木画は、健康で毎日元気に学校へ通っている子どもが自由な発想で描いた木の絵です。

図7-1

図7-2

図7-1　明るく活発な6歳女子です。描かれた木の幹も傷一つなく立派。葉の部分の緑も明るく鮮やかで真っ赤で大きな実が美味しそうになっています。この少女は夢や好奇心に満ちた毎日を楽しく過ごし、心身ともに健康そのものです。

図7-2　少し甘えん坊な11歳男子。学校生活では仲良しの友達もいて家庭も円満。生活が充実し、心身ともに明るく健康ですが、ちょっと神経質な面もあります。一人っ子で大切にされて育ち、母親への依存が強いた

めか、判断力や決断力がやや弱い面があります。自己肯定感は強いのに、いざとなると勇気が萎える、という内部矛盾を抱えている状態です。

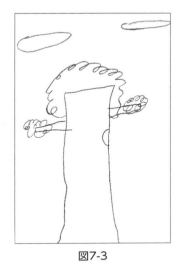

図7-3

図7-3　続いての樹木画は、現在いじめに遭っている12歳男子。木の幹に大きな穴が空いているのが特徴です。これは、自分の心の苦しさ、心の傷の大きさでもあり、初面談時に、彼は目に涙をいっぱい溜めて学校にも行けなくなったことを話してくれました。知的な発達がやや遅れており、授業の内容やスピードが自分の個性と合っていないことも、学校生活が苦しい原因の一つでした。

　この後、両親と相談の上、彼を支援学校に転校させると、いじめからも逃れることができ、少年は楽しく学校復帰することができました。

図7-4　危険信号。8歳女子です。この少女は同じ日に、大きくお腹が膨らんだ蛇の絵を描きました。この子が描いた木からは、木の葉がはらりと落ち始めています。

　心の危険信号を感じ、まず2人だけになって話を聞くと、本当は学校に行きたくないことを、お母さんにどうしても言えないと打ち明けてくれました。膨らんだ蛇のお腹には、言いたいけれど言えない気持ちがぎっしり詰まっているのでしょう。

　すぐに保護者面談を行い、女の子が長期欠席進行の第一期～第二期の境界であることをよく理解してもらいました。その後、家庭と学校に協力を仰ぎ、心の応急処置

図7-4

をとることができ、すんでのところで長期欠席に陥るのを防ぐことができました。

図7-5　長期欠席中の11歳女子の絵です。深い心の傷を表す幹の穴が2つ、大きく空いています。

　地域の精鋭ソフトボールチームの選手だったこの少女は、外部コーチの厳しい教育を受け、そのストレスから頭髪の抜毛(ばつもう)が始まりました。試合中の失敗のたび、強い叱責とノート2枚分の反省文の宿題。反省文は自分の失敗した内容を詳しく書き、余白には、「自分は無能です」と繰り返し書いてノートを埋め尽くすことが決められていました。学校の通

知表も学期ごとに提出し、評価を受ける対象になっていました。彼女はノートに自分は無能と書きながら自分の髪の毛を抜き続け、初面談のとき、頭頂部の髪の毛はほとんどなくなっていました。身体は、特訓でぶつけられたボールの跡の痣だらけでした。

彼女はこの絵に自ら「さくらの木　春のはじめごろ」と題していますが、木の上部にはどれも短く、伸びきらないたくさんの枝が付いています。やらなければならない課題を山ほど抱えて焦りながら、何一つ思うように進まない、苦しい現実が描写に表れています。短い枝には、葉はほぼ1枚ずつしかついていません。自分なりに懸命に頑張っているのに、成果がなかなか数字になって出てこない苦しさです。

図7-5

主幹の下の方に、2本の横枝が出ています。実は彼女には、ソフトボールの他にやってみたいことが2つありました。1つはずっと前に、きっぱり諦めたタレントになる夢でしたが、それは、絵の上でもすっぱりと断ち切られた枝として描かれています。もう1つの夢は、いまだに憧れているダンスへの道です。苦しい現実の日々の中で、もしかしたらダンスの方を選んでいたら、今よりもっとうまくいっていたかもしれないと、ふと心によぎる思いが、小さな花のつぼみをつけた、短い横枝になりました。

この絵を保護者に見せてお話しし、すぐにソフトボールクラブを退部させました。その後、翼学園に入学し、心のケアを始めました。同時に、遅れていた学習指導にも取り組み、ケアの1年後、少女はすっかり元気になって中学校へ復帰しました。

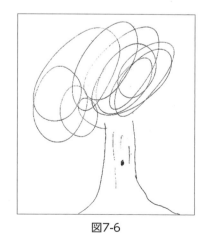

図7-6

図7-6　長期欠席中の10歳男子。何につけても「面倒くさい」が口癖。いつもしかめっ面をしていました。家庭内の不和があり、気持ちが落ち着かなかったことが原因でした。

お母さんのカウンセリングを続け、まず家庭内の問題を解決することに力を入れました。同時に翼学園で、子どもの心のケアを続行し、気持ちが落ち着いてから学習指導にも取り組みました。そうするうちに翼学園で友達もでき、明るく意欲的に集団活動に取り組めるようになると、人が変わったようによく笑うようになりました。その半年後、少年は元気に小学校へ復帰しました。

第 7 章　バウムテスト・樹木画テスト

図7-7　長期欠席中の10歳女子が描いた絵です。細く頼りない木の幹を、右側から強い風が吹きつけています。木になっている実は青く、まるで生気のない色をしています。しかも、木の実や葉っぱは、風に飛ばされてこれからも次々と全部地面に落ちていくのだと話しました。

図7-7

　この少女は、学校に行けない苦しい気持ちを抱え、とても孤独で淋しい心と、自分の前途に希望が持てない不安や絶望、固く閉ざした心をこの絵に描写しています。

図7-8　長期欠席中の14歳男子です。「木を描いてください」という設定に、少年は長い時間をかけて、この切り株の絵を描きました。「どうしても、ここから上の絵が描けない」と、描写後はたいそう疲れてぐったりしてしまいました。

　線はとても細く、消え入るような薄さなので、印刷で見えるように、実物よりだいぶ濃くしています。枯れたような切り株には、大きな穴が空いています。この子の心には、現在も未来もなく、ただ、傷ついた自分（切り株）が死んだように枯れたままです。これは、生きる希望も力もすっかりなくして、死にたいと思いつめている人間の絵です。緊急に保護者のカウンセリングを行い、この絵を通じて、子どもの命の危険を伝えました。

図7-8

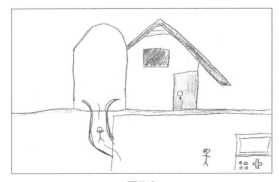

図7-9

（2）HTP法などを組み合わせた子どもと親の樹木画テスト

図7-9　長期欠席中の11歳女子。この絵は「家を描いてみて」とだけ設定したものです。家の左側にある大きな楕円は、地下室への入り口だと彼女が教えてくれました。入り口の大きさは、そこを利用する頻度の多さを表現しています。少女は度々

97

そこから滑るように地下に降りていく自分も描きました。家より広い地下室は、少女の居心地の良い空間、開放感を表しています。また、そうしていたい願望があります。実際の彼女の家には地下室はないので、絵の中の地下室は、おそらく家の中で一番玄関から離れた自分の部屋です。安全な空想の地下室で、リボンをした自分は1人きりです。そこにあるのはゲーム機だけ。家族から逃げるように隠れて、1人でゲームをするときだけが、その子の唯一癒される時間なのでしょうか。家の玄関ドアには、黒くて大きなカギ穴がしっかり付いています。自分が隠れている家に誰も来てほしくない、だから、しっかり鍵をかけているのです。施錠をした後もさらに、誰にも見つからないように、地下室の奥深くに逃げ込みたい少女。学校に行けないことが、こんなにも子どもの心に深い絶望と罪悪感を持たせているのです。

図7-10 こちらの絵を描いたのは、元気に登校中の女子9歳です。心は健康そのもの。色とりどりに熟れた、美味しそうな果物たちがたくさん並びました。毎日が楽しく、大好きな友達に囲まれて、意欲的に過ごしている少女の描写です。

図7-11、12 お母さん（図7-11）と、長期欠席中の子ども（図7-12）の絵です。別室で母と子それぞれに果物の絵を描いてもらいました。

お母さんは、両親で2人の子どもを大切に抱きかかえているような、愛にあふれ、幸せそうな果物の絵を描きました。それに対し子どもが描いた絵は、小さなお皿に乗った、たった一粒の苺でした。学校に行けなくなった子どもは、どんなに愛されていても、一人孤独な心を抱えてしまいます。

図7-10

図7-11

図7-12

（3）描画テストで心情の変化を見つける

図7-13、14 こちらは、2枚とも同じ少女が小学3年生時に描いた木の絵です。

図7-13は翼学園に入学して間もない頃に描いた絵で、まだ心のケアを始めたばかりでした。長期欠席中で心が傷ついているのを表すように、木の枝がことごとく尖っています。

図7-14はその半年後のもので

図7-13　　　　　　図7-14

す。心のケアが順調に進み、すっかり元気になって学習も充実してきました。少女が学校復帰する前に描いた木の絵は、枝の先が丸くなり、たくさんの花が咲いています。少女はこの絵のように、明るく元気によく笑うようになって、もといた小学校へ復帰しました。

図7-15、16 こちらの2枚も、同一の少女の絵です。翼学園でケアを始めた頃に描いた図7-15の木には、葉っぱや実がたくさんついていますが、大事な実が地面に落ち、木の主幹についている顔は、木の重みをずしりと背負って、何とも言えない表情をしています。

半年後に描いた図7-16の絵には、葉っぱや実はついていません。しか

図7-15　　　　　　図7-16

し、木の幹に描いた顔は、穏やかでのんびりした表情になっています。その春、この少女も元気に小学校へ復帰しました。

図7-17、18 長期欠席中の小学生が描いた学校と、入学して間もなくの翼学園（当時の翼教室）の絵です。

図7-17の学校の絵は、すべてが無機質でがらんどう。なんだか得体のしれない、怖い建物です。時計だけがしっかりと描かれているのも、なんだか不気味さと苦しさを強調しているように感じます。長期欠席中の子どもにとって、学校はこんなふうに見えているのだと思います。この絵を描いた子どもは、家にいても学校のチャイムが聞こえてくるたび、

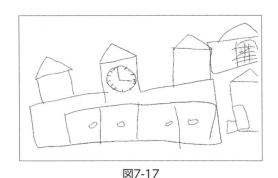
図7-17

図7-18

胸がドキドキしていたと話してくれました。

　変わって、図7-18です。翼学園の絵を描くときは、笑いながら、楽しそうに描いていました。たくさんの花に囲まれて、戸外活動に出かける車や裏庭にいる犬まで細かく描写し、本当に楽しそうです。勢いで、翼学園の先生と手をつないでいる自分も描き込んでしまいました。ニコニコ笑って嬉しそうな表情です。

図7-19、7-20　　先ほど97ページで紹介した切り株の絵（図7-8）を、ここにもう一度掲載しました。この２枚の絵も、実は同じ子どもが描いた絵です。

　これ以上説明も要らないほどに２枚の絵が語っていると思いますが、図7-19の切り株の絵は、初めて翼学園へ連れて来られた日に描いた、当時の彼の精一杯の木の絵、図7-20はすっかり元気になったときの木の絵です。図7-20の木の、なんと青々として美しいことでしょう。生き生きと空へ延び、たくましい枝ぶりの木は希望でいっぱいです。とても同じ子どもが描いたとは思えないくらいです。

　図7-19の切り株の絵を見て、保護者も大変なショックを受けました。その後、親子の継続カウンセリングを開始し、少年はやがて翼学園に入学。翼学園で約２年間の心のケアと基礎学習などの指導を続けた後、少しずつ心身ともに回復していきました。

　２年後、図7-20の木の絵を描いて間もなく、少年は

図7-19

図7-20

翼学園を卒業して高校へ入学しました。高校でも、途中何度か苦しい時期はありましたが、そのたびにケアをしながら高校時代を乗り越えました。その後は元気に大学へと進み、就職・結婚もして、素晴らしい自分の人生を取り戻しています。

真っ暗な部屋に閉じこもり、死にたいと思い詰めていた少年にも、こんなに燃え上がるような生きる希望と喜びが心に蘇ることを、この著書でお伝えしたいと思います。

閉ざしてしまった子どもの心に変化をもたらすためにまず最初に必要なのは、何と言っても親子への丁寧な心のケアです。それがすべての始まりです。

翼学園で実践している五段階理論Ⅰ・Ⅱの根幹には、2つの揺るぎない信念があります。1つ目は、どんなに傷つき弱り、生きる勇気さえ失って引きこもっている子どもの心の中にも、本当は生きたいという希望、社会へ出て活躍したいという意志、みんなと同じように幸せになりたいという願いがあるのだということを心から信じていることです。2つ目は、どんなことがあっても、どんなに時間が掛かっても、決して子どもを諦めないことです。

この2つの信念が、どんな状態の子どもをも助け出せる底力になっているのです。

第4〜7章　参考文献（出典順不同）

1. メル・レヴィン 著 / 楓セビル 訳「親と子で考える学習障害」研究社出版（1999）
2. キャサリン・コーリン 他著 / 小須田健 訳「心理学大図鑑」三省堂（2020）
3. ジョージ・J・デュポール 他著 / 市川宏伸 他監修「児童期・青年期のADHD評価スケール」明石書店出版（2022）
4. 中野明 著「心理学大事典」秀和システム出版（2022）
5. 伊藤絵美 著「世界一隅々まで書いた認知行動療法・認知再構成法の本」遠見書房（2020）
6. 伊藤絵美 著「世界一隅々まで書いた認知行動療法・問題解決法の本」遠見書房（2022）
7. モニカ・ラミレツ・バスコ 著 / 野村 総一郎 訳「バイポーラー（双極性障害）ワークブック第2版」星和書店（2022）
8. 岡野憲一郎 他著「もっと知りたい解離性障害」星和書店（2022）
9. 成沢真介 著 / 瀧靖之 監修「グレーゾーンの歩き方」風鳴舎（2022）
10. 松本卓也 著「症例でわかる精神病理学」誠信書房（2022）
11. 石垣琢磨 著「メタ認知トレーニングを始めよう！」星和書店（2022）
12. 内海健 著「双極Ⅱ型障害という病」勉誠出版（2015）
13. 中島輝 著「自己肯定感ノート」SBクリエイティブ株式会社（2023）
14. 前川あさ美，田中健夫 著「絵本がひらく心理臨床の世界」新曜社（2021）
15. 小池敏英 著「LDの子の読み書き支援がわかる本」講談社（2020）

16. 野村総一郎 著「双極性障害のことがよくわかる本」講談社（2021）
17. 子安増生，丹野義彦，箱田裕司 監修「現代心理学辞典」有斐閣（2021）
18. 氏原寛，岡堂哲雄，亀口憲治 他 編「心理査定実践ハンドブック」創元社（2018）
19. 堀洋道 監修／吉田富二雄，宮本聡介 編「心理測定尺度集Ⅴ」サイエンス社（2013）
20. 長尾博 著「図表で学ぶ心理テスト」ナカニシヤ出版（2012）
21. 吉川眞理 編「よくわかるパーソナリティ心理学」ミネルヴァ書房（2020）
22. 澤田丞司 著「心理検査の実際」新興医学出版社（2004）
23. 浅井潔 他 編著「人間理解のための心理学」日本文化科学社（1995）
24. 松野俊夫 著「心理テストの使い方と評価法：うつと不安を中心に（女性におけるうつと不安，〈特集〉第12回日本女性心身医学会研修会報告）」（2011）
25. 浅井伸彦 編著／松本健輔 著「はじめての家族療法」北大路書房（2021）
26. 嶋田和子 著「精神医療の現実」萬書房（2014）
27. 誤診・誤処方を受けた患者とその家族たち＋笠陽一郎 編著「精神科セカンドオピニオン 正しい診断と処方を求めて」有限会社シーニュ（2014）
28. 適性診断・治療を追及する有志たち 編著「精神科セカンドオピニオン２」有限会社シーニュ（2010）
29. クリストファー・ギルバーグ 著／田中康雄 監修／森田由美 訳「アスペルガー症候群がわかる本」明石書店（2009）
30. 吉田友子 著「高機能自閉症・アスペルガー症候群『その子らしさ』を生かす子育て」中央法規出版（2009）
31. 高橋雅春，高橋依子 著「樹木画テスト」北大路書房（2022）
32. 高橋依子 著「描画テスト」北大路書房（2019）
33. 岩井寛 編著「描画による心の診断 子どもの正常と異常をみるために」日本文化科学社（1992）
34. Ｃ・コッホ 著／林勝造，国吉政一 他訳「バウム・テスト」日本文化科学社（1993）
35. ロナルドＴ・ポッターエフロン，パトリシアＳ・ポッターエフロン 著／藤野京子監訳「アンガーマネジメント11の方法」金剛出版（2021）
36. エマ・ウィリアムズ，レベッカ・バーロウ 著／壁屋康洋，下里誠二，黒田治 訳「アンガーコントロールトレーニング」星和書店（2015）
37. 伊藤絵美 著「認知療法・認知行動療法カウンセリング」星和書店（2012）
38. 藤岡宏 著「自閉症の特性理解と支援」ぶどう社（2007）
39. 日本精神神経学会「DSM-5-TR 精神疾患の診断・統計マニュアル」医学書院（2023）
40. 日本うつ病学会「日本うつ病学会診療ガイドライン 双極症2023」医学書院（2023）

[第8章]

翼学園の五段階理論Ⅱ
五段階別の指導法
～第一段階の指導法～

第8章
翼学園の五段階理論Ⅱ　五段階別の指導法
～第一段階の指導法～

〈はじめに第2章の内容を少し復習〉

　五段階別の指導法の話に入る前に、少しだけ、文科省が発信した教育機会確保法制定後の長期欠席の子どもへの支援について、振り返ってみたいと思います。

　2016（平成28）年12月、教育機会確保法が公布され、これまでの長期欠席問題についての考え方が、法律上で大きく変わりました。

　全国の教育現場で実際に動きが始まったのは、それからさらに3年後、2019（令和元）年10月25日、文科省が再び各都道府県の教育長に通知を発表してからでした。

　文科省はまず、「過去の不登校施策に関する通知は、教育機会確保法や基本方針との関係性において、本通知をもって廃止します」とし、過去4項の通知を廃止することから始め、改めて、新法律に沿った不登校児童生徒支援の基本的な考え方と、具体的な支援方法を示したのです。

　それは主に、以下のような内容でした。

1．「学校に登校する」という結果のみを目標にするのではなく、児童・生徒が進路を主体的に捉えて、社会的に自立することを目指す
2．学校教育に馴染めない児童・生徒を学校としてどのように受け入れるか検討し、馴染めない要因の解消に努める〈学校教育の取り組み充実〉
3．児童・生徒や保護者と話し合い「児童生徒理解・支援シート」（参考様式添付）を作成する
4．不登校児童・生徒が民間教育施設などで指導を受けている場合、学校の教育課程に照らし適切と判断されるときには学習の評価を指導要録に記入したり、評価結果を通知表などで施設に伝えたりすることは意義が大きい
5．民間教育施設などで適切な支援を実施していると評価できる場合、校長は指導要録上出席扱いとすることができる〈教育委員会の取り組み充実〉
6．教育支援センターの設置促進に当たり、公民共営型の設置などが考えられる

　そして、民間施設のガイドラインや具体的な支援シートなどが別添されました。

　これらを受け、愛媛県教育委員会はただちに県内の新たな長期欠席対策を始めました。具体的な対策として、教育長は「令和3年度愛媛県校内サポートルーム設置事業における第1回不登校児童生徒等支援連絡協議会」を2021（令和3）年4月に発足・招集しました。

また、長期欠席傾向にある児童生徒を対象に、まず県内の４中学校をモデル校に指定、校内にサポートルームを設置し、長期欠席児童生徒の支援に特化した取り組みを始めました。
　２年目になる2022（令和４）年度はモデル校を県内８校に拡大し、2024（令和６）年度現在は４年目の連絡協議会へと継続して支援の取り組みが続いています。
　「翼学園の五段階理論Ⅱ」五段階別指導法は、長期間学校に行けなくなって心を閉ざし、家の外へも出られなくなった子どもの心を癒すことから始まり、やがては子どもが自分の意志で学校や社会に夢をもって復帰できるように、心身ともに元気になるまでの指導法です。発表後30年を経た今では、さらに700人以上の確実な成功実績を重ね、現在も生きたテキストとなっています。
　この章ではその五段階別指導法を、順を追って詳しく紹介していきます。

1　保護者との初面談（インテーク面接）

　初めて相談に応じるときのカウンセリングをインテーク面接（受理面接）と呼びます。

〈ケアや指導に入る前に必ず必要なこと〉
　以下の２つについての確かな情報を、できる限り多く得ることが必要です。

　１．対象となる子ども自身についての詳しい情報
　２．子どもを取り巻く周りの環境はどうなのか

　子どもについて正しい理解を行うためには、情報の偏りがないことも重要です。当事者と保護者は互いに違った認識を持っていることもあるので、一方向からだけの説明を頼りに判断し、心のケアを始めるのは大変危険です。
　翼学園では、基本的に保護者と本人は別々の日程でインテーク面接を行います。相談の件について、これまでのいきさつや細かな事情を含め、十分な時間を取って聴き取りをする面談です。
　最初に保護者のインテーク面接を行います。その日は当事者である子どもには何も知らせず、保護者や大人の家族だけで来てもらいます。子どもの心にかかる負担を最小限にするための必要な配慮です。
　インテーク面接は、最低でも90分以上の時間をかけて丁寧に行います。できるだけ多くの大人の家族に来てもらって、さまざまな視点の角度から聴き取りをすると、より深く本人を知ることができます。
　インテーク面接時には、相談内容以外にも、出生当時から現在までの本人の生育歴や生活状況、現在の状態等を詳細に聴き取ります。家族からの詳しい生育歴の聴き取りは大変

重要です。

　しかし、本人についての情報収集はそれだけでは不十分です。実際に本人の残したデータには過去の生育歴や性質、人物像がありのまま残されています。保護者には、幼少時から現在までの、子どもが描いた絵や学習ノート・日記・作文・お便り帳・手紙・本人の写真・小学１年から現在までの通知表等を、初面談日に持参してもらいます。また、過去に何らかの心理検査を受けている場合は、そのアセスメントシートや、その他できるだけたくさんの子ども自身の実物資料を見せてもらいます。

　カウンセラーは、それらの資料を時系列に一つひとつ詳しく調べ、本人の絵や日記などから発育経過における本人の個性や、経験した出来事を具体的に把握したり、これまでの社会生活（保育園や学校）での実際の人間関係や、人とかかわる中で本人が周りの人をどのように感じてきたのかを作文や日記・手紙・学習ノートなどから読み取り、また通知表やその他の記録からは、周囲から受けた対応や人物評価などについてもじっくり読み取りながら把握します。これらの資料も生きた診断材料の一つです。一連の心理診断には専門性を必要とします。

　これが翼学園でのインテーク面接です。例外として、どうしても必要がある場合には、インテーク面接と前後して、学校の先生や児童相談所などの行政関係者、また事情をよく知っている外部からの情報を得るケースもあります。

2　家から出られない子ども

　保護者や家族のインテーク面接が終了すると、早速子どもとの初面談に進みたいところですが、そこに漕ぎつけるまでここから何年もかかる子どももいます。「第３章 長期欠席進行の分析」で「第五期」の引きこもりの状態に陥っている子ども達です。

　翼学園に相談に訪れる人のほとんどが、この第五期まで至っているケースが多いため、保護者インテーク面接の後すぐに本人の初面談が実現する例は、残念ながら少数です。

　本人が人と会うことを拒絶する場合は、決して無理強いしてはいけません。それだけ心の傷が深いということです。本人が家族以外の人と会えるようになり、カウンセリングを受けてみようと思えるまで、心に寄り添って待ってあげるのが最も望ましい形です。

　とはいえ、何もせずただじっと待ち続けるだけでは事態は好転しません。中には家族とさえ壁を作って自室に閉じこもり、内側から鍵を掛けているという深刻な状態になっている例も少なくありません。

　子どもの痛んだ心を、これ以上傷つけないように大切に癒しながら、初カウンセリングへとつなげるまでの対応は、特に難しい心のケアになります。細心の注意を払い、子ども

の心のどんな反応も、小さな変化も見逃さず、傷つけず、専門的視点で計画的に行っていく必要があります。

　にもかかわらず、現状では子どもは家族以外の人との接触はできない状態ですから、大変難しい専門的ケアでありながらカウンセラーが子どもに直接行うことができません。したがって実際には家族にその方法を詳しく伝授し、カウンセラーの代わりに方法を違えず家内で実行してもらうしかありません。そのためには必ず、心の専門家の寄り添った指導が必要です。

　翼学園では、カウンセラーが常に保護者から最新の子どもの状況報告を受け取り、その場その場の状況によって診断した、子どもとの受け答えや対応法を保護者に助言します。家庭では常に、カウンセラーが伝授した具体的対応を一つずつ順番に家族で協力して実行してもらいます。

　また、対応後の子どもの変化はどんな小さなものであっても、その都度カウンセラーへ報告してもらうことはとても重要です。その結果、報告の内容が次回のケアの内容や方向性を決定づけ、心のケアがまた一歩先へと進みます。

　第一段階の子どもへのケアは、そのようにして繊細、かつ段階的に行っていきます。ケアを毎日重ねていくうちに、言葉や笑顔が出るようになるなど、子どもには必ず何かの良い変化が生じ、次第に元気になっていきます。

　カウンセラーが保護者を通じて行うこのケアの方法を、五段階理論では、「子どもへの間接的ケア」と呼んでいます。

　ところが、ここで問題があります。子どもの心の傷が深い場合は、同様に保護者や家族の心も相当深く痛んでいて、子どもに心のケアを施すどころではなく、保護者へのケアが必要な場合も多いことです。ときには心だけではなく、健康上の問題や金銭問題、保護者自身の人間関係や社会的なトラブル等々……。まず保護者の抱えている問題を解決しなければ子どもへのケアが進まない、というケースも少なくありません。そういう場合は、保健所や警察署、福祉課の窓口などの行政機関や、法律事務所や医者など各専門家へ相談したり、時には協働して親子を支援することもあります。

3　つばさの会

（1）子どもへの間接的ケアと保護者へのケア

　したがって、翼学園で最初に取り組むケアの対象者は、保護者やその家族ということになります。

　第一段階のケアは、「まだ会えない子どもへの間接的な心のケア」と、「保護者自身への

ケア」です。

　保護者のケアは最低でも必ず毎月１回以上行います。保護者へのケアと指導の方法は、初面談時のような個室でのカウンセリングと、グループカウンセリングとの２種類あります。そのグループカウンセリングを行っているのが「つばさの会」です。

　つばさの会は、第一段階～第五段階のケア中の５グループと、翼学園を卒業して１年未満のOBグループ、ケアの途中で就労希望に切り替えた就労支援グループ、それぞれの段階ごとの生徒の保護者をこの７グループに分けて行います。保護者自身への心のケアと、大切な生徒へのケアの方法を学ぶ時間です。

　人前では話せないような個人的な問題については、希望により個別で相談を受け、家庭内の問題を一つずつ解決していきますが、日常的な子どもへの対応の仕方や家族のあり方、捉え方等については参加したグループ共通の問題としてつばさの会で行います。

　右の写真は、ある日のつばさの会の一部分です。開催場所は、毎日子ども達が使っている翼学園の学習室です。

つばさの会

　その下の写真は、ほぼ年に１回開催している拡大学習会の写真です。「子ども達のSOSを受けとめて」というタイトルで、地域や学校関係者の方々にも広く呼び掛けて、五段階の分析法やケアや指導法を伝える目的で開催しています。この年は、愛媛大学の講義室で開催しました。

　つばさの会の進行は、どの段階も最初に、ケアの段階別に沿ったグループ全体へ共通の話をします。次に、一人ひとりの保護者や家族の相談を受け、全体の中で個別にカウンセリングを行う方式で進めています。

　基本的にカウンセリングは個室で行うものという概念があるかもしれませんが、つ

拡大学習会「子ども達のSOSを受けとめて」
（2018〈平成30〉年 愛媛大学にて）

ばさの会では、あえてそれを各段階別の小グループの中で行います。このようにグループカウンセリングを行うには大きなねらいがあります。

　子どもが学校へ行けなくなってから、保護者は社会から孤立しがちで過ごしています。気分が沈みがちで孤独な子育ての毎日を送る中、月に一度のつばさの会に出席することで、自分と同じように悩んでいる人達との出会いがあります。また、同じ思いの人達が大切な子どもを助けるために、懸命に前向きになって頑張っている姿を感じることだけでも

大きく勇気付けられ、心強い気持ちになります。
　しかも、会の最初から最後までカウンセラーとの対話の時間ですから、悶々とした悩みの出口がわからないまま会の終了を迎えることはありません。参加者一人ひとりが、本音で悩みを吐き出した後は必ずその解決法を習得し、翌月のつばさの会までに、親として何をどのように頑張れば良いのか、その明確な目標を得て帰宅することができます。これは大きなことだと思います。
　また、近年つばさの会の進行を、子どものケアの段階別にグループ化したことで、互いに似たような状況下の子どもを持つ保護者同志が他の保護者の悩みを聞いて共感したり、それに対してカウンセラーからの明確な対応法のアドバイスを聞くことができるようになりました。保護者にとっては、それも大変参考になるときがあります。グループ形式のカウンセリングで、純粋な個別カウンセリングだけでは足りない部分をさまざまに補うことが可能になっています。

> つばさの会は、参加者全員に個人情報などの守秘義務を固くお願いして、初面談を済ませた保護者や大人の家族のみを対象に、毎月定期日に開催しています。

（2）近況報告の提出

　つばさの会への出席の際は、保護者には前もって、既定の「近況報告」の用紙に内容を記入して提出してもらいます。「近況報告」というのは、毎月提出してもらう翼学園独自の一定の様式で、家庭内の状況やこの1か月間の子どもの生活の様子、子どもや親の心の状態、今困っている（悩んでいる）問題等を具体的に記入する欄があり、カウンセラーは前もって、出席者全員の近況を把握してからつばさの会に臨みます。
　つばさの会当日は、前述の段階別小グループの中で、その個人個人の記載内容を軸に、子どもにかかわる問題に対応する考え方や対処の仕方・解決法、また、子どもへの接し方を一人ひとりに伝授します。さらに、家庭内で起きている問題や悩みを聴き取り、具体的に解決していく方法や捉え方などを、個別でカウンセリングしていきます。
　家庭内の悩みが解決したり、子どもに対するポジティブな考え方ができるようになると、保護者は月ごとに元気になり、目に見えて明るくなります。
　保護者は、グループカウンセリングの中で、他の人へのアドバイスであっても、我が子のケースと類似した部分は積極的に聴き取り、取り入れたりして我が子へのケア力が高まっていきます。また、ケア力が上達すると、さらにこんな場合にはどう対応するのが良いか等の質問が以前にも増して多く出るようになり、専門家からのアドバイスもポジティブに受けとめ、それらを急場にも転用できるようになって、家庭での子どもへの対応力がますます身に付いてきます。

近況報告の記入例

第一段階　　　　　　　第二段階　　　　　　　第四段階

　保護者が元気になって、つばさの会で毎月子どもへのケアの方法を学ぶうちに、それをすぐに家庭で実践できるようになるまで進んでくると、やっと本格的な家庭でのケアの始まりです。この、子どもへの間接的ケアが進み始めるまでに、カウンセラーは保護者と何度でも何時間でも、学びの時間を設けます。

　また、近況報告は本人の健康状態や心の状態などを知る材料として、大いに役立ちます。毎月その内容に沿いながら、家庭での子どもへの接し方を細かくアドバイスしていきますが、保護者の心が元気になると、家庭で行うケアも子どもにしっかりと届き、子どもの反応も次第に明るくなっていくのが、近況報告の内容にも表れるようになります。

　何年もの間、自分の未来に絶望し自分自身を全否定して部屋にこもっていた子どもが、一生懸命自分をケアしてくれる保護者の温かさと、諦めない心を感じ始める。そんなふうにしてやっと、凍りついていた子どもの心が動き始めるのです。

4　子どもとの初面談

　当事者である子どもとの初面談は、何より慎重に行う必要があります。

　保護者のケア終了後、後日すぐに子どもの面談ができる場合もありますが、家の奥深くに引きこもっている子どもの場合は、面談はほとんどできません。保護者がつばさの会で学んだ心のケアの方法を家庭で実践し、そのケアがじわじわと子どもの心に浸透して子どもの初面談が実現するまでには、長い月日がかかります。長ければ3～4年以上かかってしまうケースもあります。

どんなに長くかかろうと、家庭訪問や子どもへの初面談は、本人の希望が湧くまで行いません。少なくとも本人の納得の上、気持ちに無理のない形で行います。
　子どもの面談の場合も、基本的にはカウンセリングルームで対面して行います。
　初めての子どもと対面するときは、子どもの希望に添いますが、たいていの場合、保護者同伴で行います。本人のペースで話したいことだけを話せるように、こちらからの質問はできるだけ控え、完全受容の形で訴えを聴き取ります。話がうまく進み始めると、過去や現在の気持ちや状況などをじっくり話せる雰囲気を作ります。
　そこで保護者と離れて本人と1対1になれたら、今の心の悩みや葛藤、どうにもならない周囲の状況、本人の心理状態などを、本人の話すまま優しく聴き取り、それらを受容します。
　しかし、親に連れられて来た場所で初めて会った相手に、すぐに心を開き、自分の一番つらい気持ちを打ち明けたり、心の奥にしまい込んでいる秘密の悩みを話したりする子どもはほとんどいません。実際には、逆に聴き手のカウンセラーの方が、子どもから「この人は本当に自分の話を理解してくれるのか？　説教をしたり、自分を傷つけたりしない人なのか？」と、確かめられているわけです。
　子どもが緊張しすぎていたり、カウンセラーに対して恐怖心や猜疑心を持ち、怖がっていることが伺える場合は、話の内容も軽いところでとどめ、なるべく短時間で面談を切り上げます。その際、短時間の面談の間にも、カウンセラーは対面する子どもの表情や声の出し方、その他カウンセリング時のしぐさや話の内容なども合わせて、本人の持つ個性の内容をできるだけ多く感じ取るようにします。
　カウンセリングの形態も、とにかく子どもを怖がらせないことを最優先に、本人の心の成長度や状態に合わせた対応法を選びます。即ち、初面談であっても、必ずしもカウンセリングルームで個別面談を行うとは限りません。場所を変えて行ったり、子どもと1対1にならず、最後まで保護者と一緒に行う場合もあります。
　逆に、本人が意欲的で元気な場合や低年齢の場合は、短時間の軽い初面談後、すぐに数人の学園生と触れ合わせて様子をみたり、うまくいけばその日のうちに体験入学まで導く例もあります。
　翼学園では、初面談の後、その場で次に来る日を約束することはしません。学校を長期欠席していた時代に、登校するようにと追い詰められた苦しい体験がフラッシュバックしないようにするためです。翼学園への入学についても、自らの意志が湧くことを前提として決定します。「今のままの自分ではいけない。とにかくしばらくは翼学園へ通ってみよう」せめてそのくらいの気持ちが湧くくらいまで心が元気になっていないと、翼学園への通学は続かないからです。

5 分析と指導計画

(1) 長期欠席への正しい理解と最終目標の確認

　これまで述べてきましたように、時間をかけて子ども本人と保護者の両方から得た多くの情報から、本人の持っている個性や特性を診断したり、過去の学校生活での出来事や人間関係を知り、実際に学校でどのように過ごしていたのかを、本人の資料等（56～58ページ〈翼学園の初回カウンセリングの場合〉、106～107ページのインテーク面接時の準備物参照）から洞察するのも、専門的な領域です。

　また、学校に行けなくなった当時や現在に至るまでの家庭での本人の過ごし方や、これまでの本人に対する保護者や家族の考え方や接し方はどうであったか等、両側面からの情報を全体的につなぎ合わせることで、家庭内での子どもの体験や気持ちをリアルに想像することができます。

　それらに加えて、毎月の近況報告やつばさの会での報告などから、社会的にも家庭内においても、多方向からの情報で現状の本人観察をしっかり行うと、総合的な診断と状況分析をすることが可能になります。その結果をもって、今後の心のケアの目指す方向性や、開始時の対策・方針を立てていきます。大きくは、以下の3つの観点に留意してケアの出発点と方向性を打ち出していきます。

1. 過去から現在までの大まかな問題を把握した上で、子どもの現状の心身の状態・置かれている家庭内外の環境・現在の生活スタイル等の面で、子どもの学校生活（あらゆる社会生活）を妨げる要因となり、早急な解決を必要としている事柄はないか
2. 現状の子どもを在籍学校へ復帰させると想定したとき、たとえば本人の知能や心身の成長・発達速度や極端な偏りなどの個性が、学校生活（あらゆる社会生活）を困難にさせる心配があるとしたら、それはどんなことか
3. 子どもが、過去や現在において体験している学校や家庭生活の中で、心的外傷や人間不信、また、社会への不信感の原因となっていると想定される事柄（複数の場合も）があるとしたら、それは何か

　まだ本人に会っていない段階ですから、カウンセラーは、多くの資料から得た分析結果と保護者などからの情報を基盤に想定する子どもの個性や適性から、今後のケアの方向性を考えます。その後、子どもや家庭の状況を鑑みながら、翼学園と家庭で協力して行う、適切な「ケアと指導計画」を立てていきます。

　子どもの発達特性が強い場合には、心理検査を勧めたり、家庭内暴力や病気・非行などの緊急解決を要する状況時に対応し、保健所・法律事務所・病院・警察署などへの相談に同行することから支援を始める事例もあります。

心のケアや治療の方針がしっかり立つと、保護者や家族に対して、家庭での子どもへの接し方について、より鮮明に、具体的な対応法を伝えることが可能になります。

　アドバイスの内容は子どもの性質や状況によって一人ひとりみな違うので、過去にあった実例は記せても、すべてが万人に共通するという、定型のテキストは作れません。しかし、どの子にも共通して言えることがあります。それは、「長期欠席状態が続いている子どもは、表面は元気そうに見えていても、学校へ行けない自分を責めて苦しみ、友達と違う自分に自信を失って、孤独に陥っている」ということです。子どもの心に人間不信や対人恐怖が始まったり、人目を気にして外へ出られなくなったりするのもそのためです。子どもはやがて激しい自己否定や絶望・孤独感で、自宅にいながら一人ひそかに自死を考えるようにもなります。

　そんな子どもの心や命を守るためには、まず家族が子どもの最高の理解者になることです。子どもを孤独な気持ちに陥らせず、苦しみを受けとめ、決して一人ぼっちではないことを、全身全霊で伝え続けることが必要です。家族の理解と愛情が、どんな専門家の言葉より子どもの命を救う力になります。

　長期欠席の子どもが鬱に陥らない環境づくりは非常に重要です。すでに鬱状態になっているなら尚更のこと、子どもの命を守るためには、すぐさま一切の登校刺激をやめて、子どもが誰にも気兼ねせず自分の家でゆっくり学校を休んでいられる環境をつくることです。子どもはこれまでのつらさや心身の疲れを家族から理解され、優しい環境で心を休めることができれば、心には必ず安らぎが戻ってきます。

　むやみに追い詰めたり苦しめたりせず、かといって必要以上に甘やかすのではなく、子どもを発達途上の一人の人間として尊重し、その心理を理解し、家庭という最小の社会生活で年齢に応じた役割を持たせ、自分や周りを大切に生きられるように教育することが最も良い接し方です。

　そのような環境を整えるためには、まず保護者が長期欠席に対するきちんとした知識を得て、今までの固定観念に制限されず、家庭で冷静に我が子の個性を見つめ、世界で一人しかいない我が子を教育するための力や学びが必要となります。それらのことを学んでいただく時間がつばさの会です。

　保護者に伝えたいことは山ほどありますが、何より最初に必要なのは、子どもの命を守ることです。

　これが全五段階のケアの入口です。

　つばさの会で第一段階のケアを行う対象の保護者や家族に対して、最初に伝えていることは、以下の２つです。

 1．子どもは学校に行かないのではなく、学校に行こうとしても行けなくなってしまっていること

2．子どもは、どうしても学校に行かなければならないと長年頑張り続け、もがき苦しみ、気持ちや身体が疲れ果て、窒息状態で倒れ込んだ長距離ランナーのように心が深く傷ついていること

　この２つを、保護者や家族が心から納得できるまで、つばさの会や個別面談で何度でも繰り返し伝え続けます。

　学校に行けなくなってしまった子どもは、本当に全身全霊で大人に助けを求めています。その声にならないSOSの叫びを、私達大人がしっかり受けとめることが何より大切です。子どもの心のケアは、長期欠席の基本的な理解と認識がなくては始まりません。

　保護者に３番目に伝えることは、保護者が上記の１と２を理解したとしても、ただそっと外側から見守り、日数を置くだけでは、心の問題は解決せず、子どもの心に真の明るさは取り戻せないということです。

　子どもが学校に行けなくなるに至るには、必ず原因があります。ですから、子どもの心にある奥深い問題に触れず、心の痛みが和らぐのをただ待ってみても、それは心の傷を奥へ奥へとしまい込んで外からは見えなくするだけで、全く解決には向かいません。「心傷ついた子どもを助ける」ということは、心の傷に触れないということではなく、どのような古い傷も、根こそぎきちんと癒してしまう、ということです。

　そうは言っても、学校に行けなくなった直接の原因をしつこく子どもに追及するのも間違った対応です。原因の根幹にある問題は他にあって、学校に行けなくなってしまった直接のきっかけとは異なる場合が多いのです。

　心の傷やその原因は、表面からは非常に見えにくい所にあります。自分のことであっても当の子どもにはわからないことも多く、また、子どもから他者に説明することはできません。なぜかというと、単に理解力や表現力の問題だけでなく、多くは本人の持つ特性が起因していることが多いからです。また、大人にはなんとなく伝わるニュアンスが子どもには理解・表現できにくかったりするなど、さまざまな要因があります。最終的にはその原因を見つけ出すのも、根本的な解決策を考え、完全な解決へと導くのも、心の専門性を必要とする仕事です。

　ところで、学校に行けなくなってしまった子どもは、それが原因で二次的にも傷つきます。外部からの偏見や刺激も受け、次第に学校に行かない自分自身を許せない気持ちになってしまうからです。

　子どもは、学校を休み始めた当時は、長く休んでいるという意識がすぐには湧きにくいのですが、何か月も欠席を重ねるうちに罪悪感が湧き、次第に周囲の人の目を怖がるようになります。周囲のすべての人から学校に行かないことを責められているように感じたり、自分自身を卑下したりします。

人目を避けて引きこもり、心の自由まで失って苦しむ子どもを助けたいとき、まず必要なのは、前述したような理解ある環境づくりや心身の休養です。しかしながら、温かい理解や愛情の癒しだけでは、子どもを救い出すことはできません。つまり、傾聴と受容だけでは、心の自由を取り戻せない。どこへでも自由に行けて誰とでも楽しく会うことができ、未来の自分を自由に心に描き、希望に満ちて進んでいけるような、本来の自由な自分には戻れません。

　ある程度心が元気になったなら、翼学園では、その次の段階のケアを始めます。それは、再び学校や社会で強く自由に生きていけるようになるためのケアです。言い換えれば、心が傷つく前よりもっと自分らしく、強くなって、「自分の望む人生を自分の手に取り戻す力」をつけるための、専門的な心のケアや治療の開始です。

　この専門的なケアや治療がないままでは、心が癒され一時的に元気が出たとしても、それには限界があり、将来を生きる強さや自立にはつながらないということを、第一段階のケアを始めたばかりのうちに、保護者や家族にはしっかり伝えておきます。

　翼学園は、その心の傷の癒しや治療を全五段階のケアと指導法で計画的に行います。翼学園の願いは、単に学校や社会に復帰するだけの目先のことではなく、子どもの長い人生を守りきることです。この五段階別の指導は、子どもが本来持っている自分自身を取り戻し、さらに自分の個性に合った楽しい人生をつかみ取るための、強い力の基盤を形成します。

（２）保護者が変わるとき　子どもも変わる

　つばさの会や個別面談で、子どもの心理理解の学習が実り、長期欠席状態の子どもの苦しみを保護者が理解するようになると、保護者の理解度の深まりはてきめんに本人にも届きます。なかなか気持ちが届かない場合は、本人にたっぷり伝わるまでしっかりと言葉や態度で届けるよう、その方法を導きます。保護者の認識や接し方がこれまでと変わると、家庭内の雰囲気もそれに伴い、自然に優しく明るい雰囲気になってきます。

　学校に行けない自分に対して、家族が優しい理解を持って接してくれるようになったと感じると、子どもの方も少しずつ心を開いて、徐々に家族団らんの場に顔を出すようになり、次第に家族との時間を楽しめるようにもなって、心の明るさが回復していきます。

　そのまま順調に心の回復が進んで家族団らんを楽しみ、短時間なら外出や買い物などができるようになると、そこから先は子どもの心は急速に変化していきます。これまでは嫌がっていた歯磨きや入浴を進んでするようになり、身だしなみにも気を配るようになって、おしゃれへの関心も少しずつ復活してきます。希死念慮が次第に遠のいていき、散髪に行ったり、洋服を買いに行ったり、たまになら家族との外食もできるように変化してきます。

そうした経過を辿って、心のケアの効果が徐々に子どもに表れてくるようになると、共に暮らしている保護者も元気になってきます。そんな様子を毎月詳細にカウンセラーに伝えてもらうのも、つばさの会でのカウンセリングや近況報告です。近況報告には、本人の様子だけでなく、家庭内の雰囲気・家族の様子なども詳しく記入する欄を設けてあり、さらにカウンセリングで保護者から直接情報を得るので、カウンセラーは子どもの心が家庭内でどの程度明るくなり、どの程度まで回復しているかを常に詳しく把握できています。その上で保護者に、細やかで具体的なアドバイスをしたり、我が子へのケアの方法を伝え続けます。

そうするうちに子どもの心身が元気になり、翼学園へ初面談に来ることも可能になったと判断したとき、保護者へ子どもに翼学園のことを紹介してみること、反応が良ければ子どもを初面談に誘ってみても良いことを話します。

長い間社会生活から離れている子どもに、初めて翼学園の紹介をしたり、初面談の誘いをかけるタイミングの見極めは大変重要です。その言葉かけの仕方も子どもによって異なりなかなか難しいので、一般的なマニュアルは作れません。ですから、それは保護者に任せず、その都度カウンセラーが状況を判断して紹介のタイミングを決めたり、誘いかけの言葉の選択も具体的に教示します。

保護者が子どもに、翼学園に行ってみようと促したとき、子どもはたとえ心の元気を回復していても、まだ気持ちの準備ができていない状態だと、この提案を一旦は拒否します。そのまま固く拒否を続けて、初面談が実現するまでに何年も月日がかかる子どももいます。しかし、たとえどんなに時間がかかろうとも、元気になった心は、いつか引きこもりからの卒業を決意する日がきますから、決して諦めたり、焦って強引に押し付けたりしないことです。

また、子どもの気持ちは変わりやすく、日時を自分で決めて面談に行くつもりでいても、前日緊張して眠れなかったり、当日急に不安になって気が変わることもあります。そういうときは決して責めたり無理強いしたりせず、気持ちが再び前向きになるまで待ってあげることです。行く約束をしたからといって、知らない所へ面談に行くのは、ずっと不安でたまらなかったはずです。その日無理に実現しなくても大丈夫ですから決して子どもを追い詰めないことが肝要です。心をすっかり閉ざした引きこもりの状態からケアを始め、こんなに明るくなるまでに変われたのだから、いまさら焦ることはないと、保護者自身が落ち着いて対応することが大切です。落ち着いて待ってやれば、子どもはまた自分で気持ちを奮い立たせ、保護者が勧めてくれる面談に挑戦する日が必ず来ます。

翼学園では毎月のつばさの会だけでなく、何か問題が生じたときには電話やメール相談・または個別カウンセリングに応じ、随時保護者の相談に乗っています。子どもだけでなく保護者も、「子どもが学校に行けなくなったのは、自分の子育てがダメだったからだ」

と思い込んだり、周りから責められたりして鬱状態になっていることが多いのです。

　保護者の心のケアを続け、元気になったら、やっと子どもへの心のケアを行う方法を保護者に詳しく伝えることができます。保護者の心の健康を守ることは、子どもの心の回復を早めることにつながります。

　多面的にケアを重ねていくうち、何とか子どもの初面談と体験入学が実現する日がきます。カウンセラーとの面談や学園体験ができた子どもは、その後たとえ少し日数がかかっても、たいてい翼学園へつながり、少しずつ通学を始めます。

　このように長期間の努力が実り、ついに子どもが自分の意志で翼学園へ通学ができるようになったときの保護者の喜びは、天にも昇る心地のようです。

　しかし、五段階のケアと指導はまだまだ序盤です。

　翼学園への入学が決まり、通学が月2〜4回というくらいに安定すれば、ひとまず一区切りです。それまでの心のケアと治療を「第一段階の指導」と名付けています。

　保護者のインテーク面接からここまで来るのは、実際とても時間がかかる場合が多く、4〜5年以上かかったケースもあります。この第一段階の指導は、ケアというよりむしろ心の治療の領域であり、五段階別指導法のうち、最も難易度の高い内容です。翼学園では、この第一段階の指導・保護者と本人への個別対応は、すべてカウンセラーが行います。

　翼学園のカウンセラーは、保護者や子どもからの電話やメール相談、また個別面談など、毎日10件以上の相談に随時対応しており、年間でいうと、毎年4500件以上の相談に応じていますが、これらはすべて、インテーク面接終了後の保護者に限ります。

6　第一段階のケアのまとめ

（1）第一段階のケア前の子どもに多く見られる状況

　第一段階のケアを受ける前、心のケアを必要とする子どもには、以下のような状況が重複して該当していることがあります。番号が進むにしたがって、悪化した状態を表しています。

1. 昼夜逆転している
2. 学校へは長い間行っていない
3. 家庭内に閉じこもって、外出しない
4. 食事や入浴をしたがらない
5. 家族とも話をせず、ほとんどコミュニケーションがとれない
6. 誰にも会いたがらず、日中もパジャマ姿で過ごしている
7. 何年も髪を切っていないので、髪の毛が長く伸びている

8．自分をゴミだとののしったり、人に対しても思いやりがない
  9．何事も悪く解釈して突然キレたり、暴言や暴力をふるう
 10．死にたがっているように見える（または、死にたいと言う）
 11．病院や相談所へ行っても変化がなく、いつまでも苦しみが解決しない
 12．自殺未遂をしたり、大声で叫んだり泣いたりする
 13．ときに幻聴や幻覚があり、統合失調症を疑われることがある
 14．精神科や心療内科で、物理療法や投薬治療を受けている

（2）第一段階のケア前の家庭の状況

　第一段階のケアを必要とする子どもの家庭では、以下のような状況が重複して起きていることがあります。
  1．子どもがずっと学校に行かないことが苦しくて、保護者も鬱状態になってしまった
  2．コミュニケーションが取れず、子どもの気持ちがわからない
  3．子どもの機嫌がいつも悪く、ときには暴言や暴力を受けてつらい
  4．このまま学校に行かなかったらと思うと、子どもの将来が心配で不安定になる
  5．学校との定期連絡や、通学路の旗当番がつらくて苦しい
  6．よその子の楽しそうな通学姿を見ると悲しくてたまらない
  7．自分の子育てに自信を失い、いつも自分を責めている
  8．子どもをめぐって、保護者自身も会社や友人・親族・夫婦・家族間などの人間関係がこじれ、深刻な悩みを抱えるようになった
  9．どこへ相談したらよいのかわからず、途方に暮れている
 10．保護者も体調不良になり、借金を抱えたり、経済面でも行き詰まっている
 11．子どもを殺して、自分も死のうかと思うときがある
 12．愛して育てていたはずだったのに、今は、子どもがかわいいという気持ちがあるのかどうかさえわからなくなった

（3）学校の先生の悩み

①長期間学校へ来ていない子どもへの対応
  1．家庭からの連絡以外に子どもの様子が聞けない
  2．家庭訪問に行っても、生徒が会ってくれない
  3．指導要録に書ける情報がない
  4．子どもの様子や気持ちがわからず、大変困っている
②保健室や相談室へ登校している子どもへの対応
  1．相談室に来た子どもに何をさせてやるのが一番良いか？

2．教室への誘いや学習への導入はどうすべきか？
3．担当の先生をどのように決めるか？
4．子どもを家まで迎えに行くことはどうなのか？

（4）家庭内で行う基本的なケア

　保護者は、第一段階のケアを子どもに行う実践者です。翼学園のカウンセラーは家庭からの詳しい現状報告を基に、保護者に対して、我が子への理解の仕方やケアの方法を詳しく語り伝え、常に寄り添って助言します。

　保護者へのアドバイスを行う場は、主として毎月１回開催しているつばさの会です。大切な学習の場であるつばさの会への出席は、翼学園生の保護者は必須にしています。

　つばさの会では毎月、「現段階の我が子への理解の仕方と対応法やケアの方法」を子ども一人ひとりの状況に応じて、各保護者へ具体的に指導します。我が子へのケアが理想どおりに家庭で実践できるよう、アドバイスしたり相談に乗ったりします。

　また、その実践後、我が子がどう変化したか報告や相談を受け、子どもや家庭内の変化や成長に応じて、「家庭での今後１か月間のケアの新しい目標」を毎月立て直し、保護者がそれを上手に実践できるよう導いていきます。

（5）子どもを命の危険から守るために家庭でできる子どもへのケア

　学校に行けない子どもの悩みとその保護者の悩みは、もともとぶつかり合う悩みです。したがって、保護者や家族が子どもの長期欠席について学んだり、子どもの心の傷を深く理解できるようになる学びは、子どもの命を助けることにつながります。

　また保護者は、子どもに対して「常にぶれない価値観」で接することが重要です。

　それらを以下の５項目にまとめました。

1．「もう学校へ行かなくていいよ。学校よりあなたが大事」と言える親になろう（今は学校に行くことよりも、心が元気になることの方が何より大切、と子どもに伝える）
2．登校刺激のいっさいを止めて、まず子どもの心を休ませることが必要。学校からの家庭訪問・学校行事やクラス内の情報プリントや連絡帳・先生やクラスメートからの電話やメール・手紙などを受け取るのは、子どもにとって非常に苦しいことを理解し、学校と話し合って子どもの気持ちを守る工夫をする。また、家庭内に学校の制服・かばん・教科書などがすぐ見える所に置いてあることも、学校に行けない子どもの心に苦しい焦りと悲しみを呼び起こす。それらが目につかない所へすみやかに移動させる
3．子どもが人目を避けて苦しんでいる間は、親戚関係であっても、家族以外の人は家に呼ばない。冠婚葬祭や法事など、人目に触れる行事にはなるべく参加させないなどの配慮が必要

4．本人が嫌がる場合は、無理やりに家の外に連れ出さない
　　5．家族・親族間で子どもについての共通理解をし、具体的な導き方や接し方を一致させておくことが重要

（6）引きこもっている子どもへの接し方

　まず、子どもが現在、五段階別の第五期（内向期：自室に引きこもり、心の孤独が一層深まり、心に希死念慮がある状態）であることを認識することから始めます。
　外にも出られなくなった我が子の心理状態を十分に学び、深く理解することが必要です。日中は何事もなく元気そうに見えていても、夜一人になったとき、突然に自死してしまうケースもあります。

１．食事の時間
　自分の部屋に閉じこもり、食事の時間になっても出てこない場合は、後で自分で食べられるようにダイニングに準備しておき、部屋まで食事を運ばないようにする。毎日食事を運んでいると、ますます部屋から出てこなくなる（病気のときは別）

２．洗面や入浴・着替え・散髪
　歯磨きや入浴をしなくなったり、一日中パジャマで過ごすなど、身だしなみに全く無頓着になることが多い。叱ってやらせるのではなく、保護者が一緒に入浴したり、手伝ったりして励ますのが良い。散髪は、保護者が自宅でやってあげても良い

３．昼夜逆転
　夜になるとあれこれ考えこんだり、つらい気持ちを紛らわそうとゲームに逃げ込んだりして、昼夜逆転を起こすことが多い。生活時間の乱れは、心のケアがある程度進んでから直していけば良いが、朝食や夕食だけでもあなたと一緒に食べたいと、その都度優しく声をかけたり、昼間子どもに用があるときには、ノックをしてなるべく普通に部屋へ入るようにする

４．もの言わぬ子どもとの対話
　子どもが完全に部屋にこもって会話ができない場合は、優しい内容のメモ書きを毎日書いてドア越しにでも渡すと良い。長い手紙よりも、短い言葉で愛情や優しさを伝え続けよう。ときには本人の好きなおやつを添えて

５．家族と食事ができるようになるために
　毎日の優しいメモ書きは、孤独な子どもの心への大きな救いになる。そのメモ書きの中に、以前の不理解から家族の気持ちが変わったこと、今は家族みんなが良き理解者であることを毎日のように伝え続けると、子どもの恐怖心が薄らぎ、少しずつ部屋から出てくるようになる。家族からの愛情をじかに伝え続けるとさらに安心感が湧き、再び家族と食事ができるようになる

6．楽しい家庭内時間を作る

　家族が、意識的に子どもとの楽しい時間を作る。トランプなどの卓上ゲームやおやつタイムなど、本人が楽しめる時間を家族で共有できるようになると、自室の鍵を外したり、次第に部屋に閉じこもらなくなる

7．最初の外出

　少しだけ元気を取り戻すと、子どもは家族となら外出をする気持ちになれる。その日がきたら、近隣よりも校区外へ出かけるのが良い。子どもは、自分を知っている人に会うことを極端に恐れているので、出先で同じ学校の人や知り合いに出会う可能性が少ない場所を選び、子どもが安心して外出を楽しめるよう、なるべく人の少ない自然の中へ連れ出すのが一番良い。身体を動かしたいなら、緑地などでキャッチボールやバドミントンなど、軽いスポーツや散歩を楽しむのも良い

8．子どもの初カウンセリング時の注意

　家族と外出が楽しめるようになったら、子どもは加速度的に元気になっていくので、翼学園へのカウンセリングも実現する日が近い。子どもに初めて翼学園のことを伝えるタイミングの見極めや言葉の選び方は、翼学園のカウンセラーに相談する

9．翼学園導入の時期選びとその方法

　この件についても、同様につばさの会でカウンセラーと相談の上、決定する

（7）学校・行政・病院との連携

1．学校や地域との連携や対応

　翼学園は、子どもが在籍中の学校とは常に良好な連携を取れるよう心掛けている。欠席が長期になると、子どもだけでなく保護者も学校に対して対応の不安を感じている場合が多いため、翼学園が常に学校と家庭のパイプ役となり、諸連絡や必要な提出物などの代行を受け持つ。その他の地域活動等に関しても迅速に支援し、子ども会役員や登下校時の交通当番の免除を申請するなど、保護者の気持ちに寄り添って問題解決に導く

2．法律事務所・警察署・保健所・病院などとの連携

　個別カウンセリングを継続し、家庭の抱える問題解決に取り組む上で、必要に応じて上記の専門機関と連携して解決を図る

3．心理検査の依頼

　必要がある場合には、病院等と連絡を取り、「WISC」や「WAIS」などの心理検査を依頼する

（8）子どもへ直接的にかかわるケア

第一段階の子どもへのケア

①本人との初面談ができるまでの経過

　子どもの心に対人恐怖がみられる間は、保護者や家族への指導はしますが、本人へ直接の接触は行いません。
1．家庭内でのケアがうまくいく
2．子どもの心が明るくなる
3．子どもが翼学園に興味を持つ
4．翼学園へ行ってみようと本人が決意
5．初面談の実現

②初面談後のケア

　初面談後初めての通学は、本人の希望があることを確かめてから受け入れます。通い始めの子どもは、保護者の付き添いや送迎が必要です。
1．月1～2回程度、保護者同伴で翼学園への通学を開始。時間帯はだいたい午後1時半～2時半までの1時間程度
2．個別の対応から始め、次第に少人数ケアへと移行し、教室内での指導へと導入
3．少人数ケアの内容は主に簡易なトランプゲームや卓上ゲームなどを使ったSST（ソーシャルスキルトレーニング）
4．SSTの相手には、新入生の歓迎に協力的な先輩学園生（第四段階や第五段階ケア中の生徒）を選び、一緒にゲームが楽しめるよう、カウンセラーが同席して和やかな雰囲気を作る。希望により、保護者も同席可能
5．通学日数が増えてきたら、次第にSSTに同席する人数を増やしていき、慣れてきたら、やがては学園生全員と触れ合えるようにしていく。全員から好意と歓迎を受けていることを繰り返し言葉や態度で伝える。もう一人ぼっちではないことを、言葉でもしっかり伝える
6．翼学園への恐怖心がなくなったら、子ども自身が保護者の同伴を望まなくなる。そうすると保護者は別室で待機するか、送迎をするだけになる
7．さらに通学日数が増えてくると、本人の希望を確かめてから、数学（算数）の基礎学習の導入を始める
8．通学が定着すると、本人の希望を聴きながら、バスや電車・自転車などを使用しての自力通学に徐々に切り替えていく
9．他の学園生と同じように、通学する日の目標曜日と到着目標時間をカウンセラーと相談して決め、出席簿に自分で記入すると、次第に週1回以上の定期的自力通学が定

着してくる。自力通学ができるようになると、翼学園への通学がおおかた定着したと判断できる

この辺りまでが第一段階のケアの時期です。

第一段階の頃の学校とのつながり

　翼学園へ入学する前の、不安定な第一段階の間は、学校への定期連絡がまだ開始できません。特別な例を除いて、翼学園からの学校訪問もまだ準備段階の状態です。

第一段階の子ども　ケア終了の基準

1．学校へ行っていないという罪悪感が薄らぎ、少し心が軽くなった
2．希死念慮がほぼ消え、食欲も元に戻った
3．家族との人間関係がほぼ修復できて、家庭生活が楽になった
4．精神病薬の服用を中止し、だるさ・眠気などの副作用がほぼ消失し、頭がすっきりしてきた（必要がある子どもは漢方薬に切り替えた）
5．不眠・焦燥感・イライラが解消した
6．人生にかすかな希望が戻り、翼学園に継続して通ってみようと思う気持ちになった

第一段階のケア終了頃の家庭

保護者の様子

1．家族や家庭内の深刻な問題が解決して楽になった
2．我が子の心の苦しみや、これまでの頑張りがよく理解できるようになった
3．我が子が学校へ行けない現実を、素直に受け入れられるようになった
4．子どもの将来を考えるとき、学校がすべてではないと思えるようになった
5．学校に行けないのは、怠けや恥だという考え方がなくなった
6．自分の子育てを否定しなくなり、以前より子どもに愛情が湧いた

　第一段階のケアは、まだ見ぬ子どもへの間接的ケアです。このケアを続けるうち、子ども自身や家族に、以上に述べたような、はっきりとわかる変化が現れたときが、第一段階のケアの終了です。
　第二段階からは子どもは正式に入学して翼学園生となり、本格的に直接的なケアを開始することができます。
　保護者や家族へのケアや指導も、この後もずっと並行して継続します。

[第9章]

翼学園の五段階理論Ⅱ
五段階別の指導法
〜第二段階の指導法〜

第9章
翼学園の五段階理論Ⅱ　五段階別の指導法
～第二段階の指導法～

1　第二段階のケアの進め方

　第一段階の専門的なケアを経て、自分の意志で翼学園に通うことを決心したら、第二段階のケアに入ります。
　翼学園では、基本的には全員一つの教室で、学校のように毎日決まった時間割に沿って指導をしています。

（1）第二段階のケア　初期の頃
　第二段階のケアに入ったばかりの新入生が翼学園へ通うには、しばらくの間保護者の送迎や付き添いなどの手助けが必要です。新入生の心には対人恐怖があり、人目のある電車やバスに乗って一人で翼学園まで来る勇気は、まだまだありません。ましてや、学生が乗っている時間帯の電車には、まず乗れません。

（2）心のケアに重点を置いた指導
　通ってくる曜日や時間帯の設定も、本人の状況に合わせます。通常の授業時間帯の中で、本人が楽しめそうな日や時間の中からほんの短時間を選んで、カウンセラーが設定します。
　第二段階の最初から、スポーツの日や楽しいイベント行事の日に来たいという子はほとんどいません。それら特別な日を避けて、普通の授業日に設定することが多いです。それもそのはずです。人とのコミュニケーションを取るのが最も苦手な子どもにとって、一番苦しいのは集団で過ごす時間です。翼学園の新入生の中には、かつて学校に通っているときに、集団行事で感じた疎外感や苦しい思い出を持っていたり、中にはそれがトラウマになってしまったという子どもも少なくありません。
　長期間引きこもり状態だった子どもが第一段階のケアをクリアし、いよいよ翼学園通学生として第二段階のケアに入るときには、特に本人の心身の状態や家庭の状況など、あらゆる方面で十分に配慮しながら通学の方法・時間帯・曜日や頻度などを設定し、決して無理することなく、少しずつ進めていくのが基本です。

（3）大切に育む心の教育

1．「しんどいときには休みなさい」

　翼学園は校則のようなものは一切作っていません。ただ、新入生だけでなく、生徒全体に対して常に注意を促していることが2つあります。

　一つは、「しんどいときには休みなさい」ということです。

　生徒達は皆とても真面目で、何事にも一生懸命になりすぎて気力・体力の限界以上に頑張り、心身を痛めてしまう傾向があります。彼らのほとんどが、過去に所属していた社会生活で、課題やノルマを完璧にやり遂げようと、自分の限界以上に頑張り続け、力尽き傷ついた経験を持っています。

　翼学園には、「楽しいときや何かに集中しているときなどは特に、自分の疲れになかなか気が付きにくい」という特性を持っている子どもも多くいます。しかし、これは翼学園生でなくても、社会生活上で心や時間の余裕がなさすぎるとき、誰にでも起きやすい現象とも言えます。

　過去の学校生活においては、通常の授業のほかにも、家庭学習・土日祝日のすべてを活用して部活や塾・習い事など、息つく間もないほど忙しい毎日を過ごしてきた子どもが多くいます。そうでなくても、現代の子ども達の心は常に何かに追い立てられていて、学年が上がるにつれて心の休息時間が極端に少なくなっているのが現状です。

　疲れたときに疲れたと感じられるような、自然な本能を失いかけている子どもも多くなっています。というより、休みなく心をぴんと張り続けているためにいつも疲れすぎていて、どこでSOSを出せば良いのかわからなくなっている状態なのかもしれません。

　緊張で張り詰めた心を緩めるためには、まず人との比較・競争を煽られないこと、自分の体力に合わない厳しいノルマを課される生活から、いったん離れさせることです。次に、過労にも怠惰にもならないような、自分の体力や精神力にほどよく合った自然体で、目標をもって頑張れる環境、即ち自分を見失わず、最も人間らしく生きられるような環境づくりをしてあげることが必要です。

　翼学園で行っている「しんどいときには休みなさい」との言葉かけは、「今、自分が疲れているかどうかを、自分で気が付けること」・「やみくもに夢中で突っ走るのではなく、時々立ち止まって、自分自身の状態をよく見てみよう」ということであり、自分自身への振り返りを促すための教育でもあります。

2．相手も自分も大切にできる人に

　もう一つ、翼学園では特に、「人への思いやりの心」を育てる教育を大切にしています。

　「自分さえ良かったらいいんじゃない。いつも、自分の周りの人の気持ちを大切に考えられる人になってほしい。相手も自分も大切にできる人になってほしい」この話を、毎日

のミーティングの中で、機会あるごとに繰り返し教え続けています。
　たとえば、学園の仲間がけがをしたり病気になったときや、生徒の誰かが家庭で悲しい出来事が起き、気持ちが沈んでしまったときなど、翼学園ではその都度、仲間への思いやりや優しい配慮が自然にできるように、感受性や優しい気持ちを育て、実際にその友情と愛情を行動に移せるように指導します。
　また、新入生が入学してきたときは、学園生みんなの輪の中に入りづらいと感じて困っている新入生の様子をいち早く察知し、思いやりを発揮できるように指導します。率先して話しかけたり、心細い気持ちでいる新入生をみんなの輪の中に誘い入れたり、新入生のそばにいてあげられるようにと全体ミーティングの中で話します。最初は相手にうまく伝わらなくても、実際に自分の気持ちのまま、何度でも進んでやってみると、気持ちはいつかきっと伝わります。つまり、優しい声かけができる生徒に限定してやらせるのではなく生徒達の自然な気持ちを引き出していく方法での指導です。

～そしてもう一度自分を好きになる～

　翼学園に通っている生徒は例外なく、学校へ行けなくなり心が傷ついている子ども達ばかりです。自分自身の心が傷ついているとき、人への思いやりを大切にと言われても、心にそんな余裕もなく、とても無理と思われがちですが、実は人への思いやりを育むことは大変貴重な心の治療法でもあります。
　人に優しくしてあげると、心から喜ばれ、その短いやり取りの中でも、相手の真実の気持ちに少し触れることができます。また、自分の親切で、少しでもその人に元気が出るのを見ると、自分も嬉しくなります。「人のために役立てた嬉しさ」が毎日重なると、次第に気持ちが明るくなってきます。
　自分の小さな親切や優しさが、人の笑顔を作れることもあると実感できる時間、それは誰にとっても幸せな時間です。その幸せな時間を積み重ねる翼学園での日々は、長い間の自己否定の苦しみから徐々に解放されていく、暖かな日差しのような日々でもあります。
　学校に行けなくなって以来、ずっと自分を否定し、劣等感や人間不信にさいなまれ、心寒い日々を過ごしてきた生徒達は、本人の持つ明るい心や優しい心をどんどん外へと引き出してあげることで心が温まり、改めて優しい素敵な自分を思い出すことができます。
　そうやって、生徒の心には、少しずつ自分のことを認める気持ち（自己肯定感）が戻ってきます。やっと、もう一度「自分を好きな自分」に戻れるのです。
　生徒達は気持ちが明るくなると、それをきっかけにどんどんポジティブな方向へと思考が向いていき、じわじわと怒りや恨みなどの負の感情が和らぎ、少しずつ心が軽くなっていきます。この心の流れは、心理的にみても自然な感情の流れです。
　古い心の傷や、過去に出会った人への恨みや怒りが、この指導だけですっかり消えたり

はしませんが、カウンセリング現場でもアンガーマネジメントの初期段階の治療においては、非常に有効な療法の一つと言えます。

3．翼学園のアンガーマネジメント

　学校へ行けなくなった子ども達は、みなそれぞれの心の奥深くに、悲しみや怒りを抱えています。学校へ行くことができない自分自身への悲しみや怒り、また、過去に自分をいじめた友達や自分の心を悩ませる学校や地域や家族など、他者への怒りや憎しみです。

　自分の将来を考えると絶望ばかりが広がり、悲しみは怒りや絶望となって、やがて他者への恨みに変わり始めます。

　第6章で述べたように、抑圧された悲しみは時間が経つと怒りや恨みへと変容して、心の中で膨張し続けます。

　アンガーマネジメント（怒りを昇華させていく心の治療法）は、1985（昭和60）年に30件ものいじめを解決したとき、当事者やその家族らの心を癒すときにも、大いに役立ちました。

　「心の底に、人への恨みや憎しみを抱えたままでは、人は幸せにはなれない。摩擦が起きたときこそ互いに歩み寄り、理解し合い、自分自身も周りの人のことも同じように大切に思い、独りよがりにならず、共に生きようとすることで心の重荷が取れてくる。そうすることで、明るい心や幸福感が戻ってくる」この考え方・人生観は、翼学園創立者である著者の生き方そのものでもあります。

　人への怒りや恨みを和らげるためには、まず、その相手のことをよく知ることです。相手への理解が深まるにつれ、その人の持つ悲しみや喜び、悩みが流れるように伝わってきて、その相手も、何かの弱さを持っている、自分と同じ血の通った人間なのだと思えるようになります。苦しんできたのは自分だけでなく、その人もきっと別の苦しみと闘っている同じ人間同士なのだと思えるようになると、さまざまな事情やいきさつも洞察できるようになり、そのときの相手の立場や気持ちがよく見えてくるようになります。そうすると、特別な怒りは次第に消えていきます。

　翼学園の生徒達が新入生を前にしたとき、自分が懸命に頑張って優しく接したのに、その新入生がぷいっと横を向き、その親切に無反応で失礼な態度を取ったとしても、腹を立てずに何度でも許してあげられるのは、「きっとこの子も、昔の自分と同じように、今はすごく緊張しているだけなんだ」と、無条件に相手の気持ちを理解してあげられるからだと思います。

　第二段階の間は、それらたくさんの思いやりや優しさを受ける側ですが、一方、思いやる側の生徒達の心も、幸福感を感じています。

　1996（平成8）年5月、いじめで悩む保護者らのために作った「つばさの会」の入会

案内の冒頭には、以下のように記しています。

> 子ども達は皆　社会の宝物です
> 我が子よその子の区別なく　すべての大人達が　すべての子どもを
> 同じように大切にできたら　子どももやはり　すべての友達を
> 大切にするのではないでしょうか

翼学園は今もその方向性と指針を貫き、子どもや親達を導き続けています。

４．翼学園で初めて会う友達

少し重複しますが、第二段階のケアに入ったばかりで、やっと学園に通い始めた新入生は、学園に来ても自分からは誰にも話しかけられません。

そこで翼学園では、先輩の生徒達は新入生が来ると頑張ってそばに行き、緊張している新入生に優しく話しかけることを試みます。本当は受け入れる側の自分もまだ緊張しているのですが、新入生は自分よりもずっと緊張して怖がっていることが、自分の体験からもわかっているからです。今、自分の目の前で震えている新入生は、かつての入学した頃の自分自身だからです。

生徒達は、優しい気持ちをパワー全開にして頑張ります。学園内では、トイレや洗面所・給湯コーナーなど、慣れない場所を丁寧に教えて案内したり、一緒にSST（ソーシャルスキルトレーニング）のテーブルを囲み、新入生がなるべくリラックスして楽しめるようにと、心から温かく接します。体育館や戸外活動の時間には、本人が苦手と思っていたスポーツ競技さえ楽しくやれるように、生徒全員が優しく丁寧に教え、仲間に引き込んで新入生を楽しませようとします。それは、１人や２人の生徒だけではなく、翼学園の生徒全体がそういう雰囲気で、みんながそれぞれできる範囲の分野で頑張っています。

前述したように、そんな先輩の優しい言葉がけや親切に対して、新入生が顔も向けず、返答さえしなくても、誰も怒ったりしません。新入生は、ただそこにいるだけで一生懸命で、わざと答えないのではなく、緊張のあまり顔も上げられず、答えたくても声を発することができないのだということを、それも自分の経験からよくわかっているからです。

先輩の生徒達はみんな、新入生が必ずいつかは、みんなと笑って話せるようになることを知っています。かつて自分が翼学園に入学したばかりの頃、同年代の子が怖くておどおどしていた自分を、心から温かく優しく迎え入れてくれた数多くの先輩達を思い出し、そのときと同じように、今度は逆の立場で新入生を大切に扱い、心から応援するのです。

先輩の生徒達のそんな優しさは次々と引き継がれ、翼学園では、それが毎日ごく普通の空気になっています。翼学園の「人への思いやりの心」は、無理なく自然に、生徒全体に次々と染み渡っていきます。学校社会から離れ、同じように心が傷ついてきた彼らだから

こそ、共感し共鳴していけるのでしょう。

　この思いやりの教育は、まだ慣れない新入生の間は、先輩の生徒達から優しさを受け取る役割で生かされています。けれども、次の第三段階のケアと指導を受けるようになる頃には、受け取った優しさを、誰かにあげられる人に育っていると思います。ですから今は、傷ついた心と身体中で愛情をたっぷりと受け取って、友達や教員からの溢れるような思いやりや優しさで温まってほしいのです。

5．翼学園に行くのが楽しみに

　新入生はすぐに、迎え入れてくれた生徒みんなの優しさに気が付きます。そして学園生活が1か月、2か月と経過していくと、毎回のふれあいの中で、いつしか気持ちがつながり始めます。

　新入生は、学園行事のたびに互いに助け合い励まし合い、共に伸びていく先輩の生徒達の姿を見て感動し、自分も彼らの仲間になりたいと願うようになります。今よりも強く生きたい、もっと成長したいと願う先輩達の姿はたくましく明るく輝いて見えるようになり、やがては新入生自身も実質的にも意識的にも成長し始める時期がすぐそこにやってきています。

　第二段階の最初の頃は、通常の時間割の中から午後のSSTの時間を中心に、1～2時間程度の通学時間帯を設定し、内容的にも、心のケアや、同年代の人（翼学園生）と一緒に過ごす練習の始まり、という指導内容です。

　新入生は、生徒達がみんな優しく親切に接してくれることを知ると、翼学園への恐怖心が少しずつ消えていきます。すると、次第に翼学園で過ごす時間が楽しくなってきます。

2　第二段階　生徒の状況に沿った対応法

（1）第二段階初期の頃の生徒の状況

1．家族が自室に入っても、怒らなくなった
2．以前より心が明るくなっていることを家族みんなが感じている
3．家族と話をしたり、一緒に食事をすることができるようになった
4．入浴や洗面など、少し身だしなみに気を遣うようになった
5．人間不信や対人恐怖はあるが、翼学園はそれほど怖くないと思っている
6．今はもう、心の病院（精神科や心療内科）へ通うのはやめている
7．送迎があれば月数回、翼学園に通えるようになった
8．他の学園生とはまだ十分には話せないが、翼学園でのカウンセリングは受けられる

ようになった
9．学校の先生が家庭訪問に来たり、プリントなどが届けられるたび、学校のことを考えて後でつらくなり、気持ちが塞いでしまう
10．学校へ行かずに、このままのんびりと翼学園に通っていても良いのかと時々不安になり、学校へ通っている友達と自分を比べて、焦ってしまう

（2）第二段階初期の頃の家庭の状況〈保護者の様子〉
1．子どもがなんとか翼学園につながったのが嬉しい
2．「つばさの会」に毎月欠かさず出席して、子育て学習を受講中である
3．子どもへの対応で悩むとき・迷うときはすぐに電話相談や、個別カウンセリングを受けられることで、心が安定している
4．日常的に電話やメールで相談し、子育てのノウハウを身に付けようと取り組んでいる
5．家庭内の深刻な問題はほぼ解決したので、家庭生活が落ち着いた
6．専業主婦だったお母さんが職場に復帰した
7．学校との連絡はまだ保護者が対応しており、学校に呼び出されたり、毎日の欠席の連絡などがつらいので、早く解消したいと思っている

（3）生徒の在籍校へ連絡

> 保護者と子どもの様子を見て、翼学園に継続して通う意志が確定したら、翼学園に入学したことを学校へ報告します
>
> 保護者と共に子どもの在籍学校を訪問

学校訪問時に翼学園から伝えること
1．当該生徒が翼学園に入学するまでのいきさつや、現在の状況を詳しく記述した書類を持参して、保護者と共に学校を訪問する
2．学校と家庭との連絡パイプ役を引き受けたいと希望する
3．今後の子どもの状況等については、翼学園での指導内容や出席の状況、家庭生活の状況等を毎月文書で、必ず学校と教育委員会へ連絡することを告げる

保護者から学校への希望
1．当分の間は学校へ行けないので時間割やプリントは必要なく、見るのがつらいので家へ届けないでほしい

2．学校に行けないことがつらく、親子共、先生に会うだけで落ち込んでしまうので、家庭訪問に来ないでほしい
3．子どもが学校に行くときは連絡するので、長期欠席の間は、毎日の欠席連絡を免除してほしい
4．今後の学校との連絡の一切を翼学園に委ねたい
5．子どもの将来のために、その他諸々の具体的な配慮をお願いしたい

（4）第二段階　保護者へのケアと指導（翼学園への通学を定着させるためのケア）

1．子どもの対人恐怖は家族が育てていることがある

　どうやっても子どもを学校へ行かせることができない、その親としてのつらさや罪悪感や苛立ち・世間体、また保護者間や親族間でのいさかいなどを、子どもは家の中で強く感じています。

　子どもの恐怖心は、家族の激しい怒りや悲しみ、後ろめたさなどの強い感情に共鳴して起きている場合もあります。

　該当する子どもの持つ特性を考慮しても、恐怖心が非常に強い場合は、子どもを取り巻く環境のできるだけ多くの人達と面談をして、それぞれの考え方や人間関係を図式化してみるなど、改めてきちんと子どもの置かれてきた環境を整理してみると、子どもの対人恐怖がどこから起きているのか、その原因が見つかり、問題解決の糸口につながることがあります。

　同じく、子どもの人間不信も、周囲の大人達が作っていることがあります。

（例1）両親や祖父母の意見が対立し、その狭間で子どもがダブルバインド（ストレス・混乱）を起こしている場合
　　　⇨家族が話し合い、教育方針を一致して子どもに接する必要があります。
（例2）大人が子どもに話して聞かせる正義や価値観と、日常的な言動が真逆である場合（普段は、成績など関係ない、精一杯頑張ればそれでいいよと言っているが、実際は成績の評価に一喜一憂する姿を見せる　など）
　　　⇨子どもには常に正直で誠実な心で接することが大切です。本音と建前を使い分けるような接し方は、子どもの心に深い人間不信を起こします。
（例3）子どもへの無理解、逆に気の使いすぎ、どちらも子どもを人間不信にさせる
　　　⇨話を聞かずに決めつけたり、絶対服従を強いたり、逆に何でも言うとおりにしてあげるイエスマンになるなどの特別扱いをやめ、どんなときもしっかりと善悪を教え、ぶれない価値観で子どもに接することが必要です。

2．意外に多い母子の共依存

　母子分離不安は、引きこもりの大きな原因の一つにもなっています。また、引きこもりになるとますます共依存状態が悪化し、悪循環を起こします。母子分離不安は、親子両方への治療が必要であり、高年齢になればなるほど、きちんと治療をしないと完治しません。

母子分離を促進する解決策〈中学生以上の子どもの保護者対応〉

> ①過保護・過干渉を止め、子どもにはなるべく独立した自分の部屋を持たせて自分で管理させる
> ②子どもができる範囲の簡単な家事を教え、自分でできることをやらせていく
> ③いつか自分の食事を自分で作れるようにと、簡単な料理を教える
> ④親が勉強を教えない（勉強は家族以外の先生から学ぶ）
> ⑤親以外に信頼できる人を作る（悩みの相談時は、親は同席せず自分一人で相談させる）
> ⑥親の悩みや不満を子どもに愚痴らない
> ⑦子どもの前で、激しく泣いたり怒ったりなど、感情をむき出しにして接することがないように注意する
> ⑧母親が専業主婦の場合は職場復帰を勧める（母親の心が独立して、自由で幸せであることが大事）
> ⑨その他、子どもを不安定にさせると想定される親の言動について、常に注意が必要

　母子分離の治療は個々の状態で複雑に変わってきますが、この章ではここまでにします。

　第二段階のケアでは、保護者が言いたいことを子どもに告げるより、逆に、子どもの気持ちをしっかり聴くことが重要です。その際に、子どもの言葉や動作の先取りをしないよう、ゆっくり待つことが必要です。特に、言語性の能力が弱い子どもにおいては言葉がスムーズに出てこないことがあります。優しい気持ちで待ってあげると、自分の言葉で話すことができます。子どもにとっては、それが会話の練習や成功体験にもつながり、人と会話することへの自信がつくようになります。

　特に複数で会話しているとき、第三者に対しての代弁は禁物です。子どもはますます言葉が出なくなってしまいます（病院での診察中やカウンセリング中にしばしば見られる親の「先取り発言」に注意）。

　また、動作性の能力が弱い子どもは、出かける準備などをテキパキとやることが苦手です。かといって、何も言わず無制限にただ待つだけでは良くありません。まず、自分が人よりも準備に時間がかかっていることを、きちんと本人に自覚させることです。その上で、常に人より少し早めに準備に取り掛からせる習慣をつけてあげることです。遅いからといって手伝ったり、代わりにやってあげては、本人の自覚も湧きませんし、この先、動作が速くなる力もつきません。

（5）子どもが翼学園から帰ったときの声のかけ方（幼稚園や学校でも応用）

1．良い言葉かけ（ポジティブ）

　①「楽しかった？」「みんな優しかったでしょ？　嬉しいね」「今日は翼学園に行けて良かったね」⇒　子どもが聞くと、翼学園での楽しさや、通えたことの嬉しさが思い起こせるような表現が、良い言葉かけです。

　②「今日でまた一段と、翼学園に通いやすくなったね」⇒　子どもの気持ちは、誘導した方向へ傾きます。このように言ってあげることで、楽しかった記憶が大きく心に残り、次の通学へとつながります。

2．良くない言葉かけ（ネガティブ）

　①「疲れたでしょう？」「しんどくなかった？」「嫌なこと言われなかった？」「大丈夫だった？」「よく頑張れたね」⇒　こう言われると、子どもはとたんに疲れを感じ、翼学園でとても楽しかったはずなのに、嫌だったこと探しを始める脳になってきます。

　②「翼学園に行けて、すごい」「また次も頑張る？」「次はいつ行く？」⇒　こう言われると、自分は翼学園での時間を楽しんできたのではなく、とんでもなく大変な所で頑張ってきた気持ちになり、また、これから先もずっと通うことを求められるのかと、ひどい疲れと疎ましさを感じ、次回も行きたいとは思えなくなります。

3．使ってはいけない言葉

　①「学校へ行かないんだから、せめて翼学園くらいには行きなさいね」「学校に行けないんだから、もう翼学園しか行く所はないよ」⇒　これらは、半ば親のあきらめの言葉です。こういう言葉を聞くと、子どもは、とたんに翼学園がみじめな場所に思えてきて、これからの翼学園への通学の夢や希望が持てなくなります。

　②「あなたが学校に行っていないことは、親戚・友人・会社・近所などには言えない（学校に行っていないことを内緒にしている）」「うちの家系に、学校に行かなかったような子はいない」⇒　これらもひどい言葉です。それを聞かされた子どもは、「自分さえいなければ……」という自己否定の気持ちを持ち始めます。

　③「どうせあなたは、一日暇なんだから」「ゲームばっかりして」「他にすることはないの？」「たまには勉強でもしたら？」⇒　学校へ行っているきょうだいには言わない言葉。翼学園へ行くことだけでは、親からは認めてもらえないと、心から失望してしまいます。

　④「今頃、学校ではみんなどんなところを習ってるのかな」「○○君は、○○高校を受験することにしたんだって」⇒　羨ましそうな親の言葉を聞くと、やっぱり、翼学園より学校へ行かなければと焦る気持ちでいっぱいになります。

⑤「あなたは、いつになったら学校へ行けるの？」⇒ これは最も心を傷つける言葉です。（学校へは行かなくてもいいよ）と言ってくれていたのに、あれは嘘だったんだと感じ、ついに親の本音が出たと、深く絶望してしまいます。

> 学校に行けない子どもを傷つける言葉は他にもたくさんあります。
> 子どもは決して怠けや我儘で、わざと学校に行かないのではありません。
> 学校に行けないことで、子どもの心が焦りと悲しみでいっぱいになり、どんなに苦しんでいるかを理解できた保護者なら使わない言葉です。

（6）子どもを傷つけない祖父母や親族との付き合い方・協力の求め方
１．子どもの長期欠席を秘密にしない

　家族や祖父母には、なるべく早く子どもが学校へ行けなくなったことを打ち明け、理解してもらえるようにしておくのが一番良いです。内緒にしておくと、いつか子どもが傷つくことにつながる場合が多いからです。

　祖父母宅が遠距離で、日常的な交流があまりない場合は、子どもと会わせるのは、状況をよく理解してもらってからのほうが良いでしょう。

２．親戚付き合い

　できることなら子どもの状態を何でも話し、理解・協力してもらえる付き合いが望ましいのですが、付き合いの深さによりそれが困難な場合は、冠婚葬祭などの付き合いに子どもを連れて行かないことです。子どもを見たら、必ず学校の話題が出るからです。

　また、学校に通っている親戚の子どもと顔を合わせることも、子どもにとっては大きな負担になります。

3　第二段階　通学し始めた生徒と親へのケア

　ここからは、翼学園のカウンセラーや教員が行う、通学し始めた第二段階の生徒への直接的な指導内容です。

（1）次第に全体の集団の中へ

　第二段階の新入生は、やっとの思いで家から出て、自分としては最高に頑張って翼学園に来ている状態です。ですから、ほんの小さなきっかけや保護者の焦りで、ぷっつり通学できなくなる可能性があります。

　翼学園の職員は常に新入生のそばに付き、心理状態を把握しながら、細やかなケアを

行っています。

　とはいえ、第二段階のケアに入ると、第一段階のときのように最初から最後まで個別的な接し方ではなく、優しく接してくれる先輩の生徒達の中に少しずつ入れていき、次第に全体の集団の中へと誘導していきます。

1．新入生を案内するテーブル（学習机）には、生徒の中でも、特に第四・五段階のケアに入っている生徒達（ケアが順調に進んで、心も元気）を数人同席させ、和やかに話したり、打ち解け合える優しいムードを作り、どんなときも新入生がぽつんと一人ぼっちにならないよう配慮しています。

生徒や教員の誰かがいつもそばに

2．本人が嫌がらなければ、同じテーブル（学習机）の友達4、5人と一緒に卓上ゲームをしたり、お茶やおやつ、楽しい会話を試みます。これが翼学園で、SST（ソーシャルスキルトレーニング）と呼んでいる時間です。

3．トイレや洗面所までの案内、その他、学園内

どんなときも一人ぼっちにならない環境

でわからないことを教えてくれるのは、周りの生徒達です。翼学園では、みんなが率先してわからないことを何でも親切に教えてくれる環境です。一緒にお茶を入れたり、おやつの準備など、生徒達は新入生をぐんぐん仲間に引き込んでくれます。

　生徒達が囲むテーブルには必ず教員が同席し、全体の雰囲気を和やかにしたり、第二段階の新入生も含め、全員が楽しめるように、ひそかにSST効果を上げる補助をしています。
　また、このSSTの時間は、教員が生徒一人ひとりの表情を観察しながら、さりげなく精神状態の安定や健康を確認する時間でもあります。心のチェックだけでなく、顔色や動きなどをよく見ると、生徒達の身体の不調にも早期に気付き、対応することができます。

（2）体調不良やけがをしたときの対応

　生徒達は一人ひとり実にさまざまで、自分の体調が悪くてもそれに気付けず、ただ不機嫌をまき散らす子もいます。また、体調が悪くなった自覚はあっても、まだ遠慮している新入生の期間や、内向性や自尊心の強い生徒の場合は、自分からそれを言い出せないことがありますから要注意です。その場合は教員が敏感に異常を発見し、早急に対処をする必要があります。

その他にも、このSSTの時間は、全職員が保健面での知識を携え、さらに、鋭い感性と洞察力をもって臨まなければならない、とても重要な観察とケアの時間でもあります。熱があったり、ひどい体調不良や大きなけがをした場合は、保護者に緊急連絡を取り病院へ連れて行ったり、自宅に送り届けることもあります。軽症のものや、緊張や興奮による体調不良など、一時的に休息が必要な生徒のためには、教室の２階に休憩用の和室を準備しています。そこで静かに休ませて様子をみます。多くの場合、和室に設置しているベッドでしばらくの間休憩することで回復しています。

　どんな場合も、必ず養護教員やカウンセラーが対応します。

（３）教科学習への導入

　翼学園では、入学当初の数回は学習指導や集団行事には誘わず、生徒と楽しむSSTへの導入指導のみで過ごさせます。ごく少人数で過ごす環境をつくったり、教室での滞在時間も１時間前後にして、心身にまだ余裕が残っているうちに終了し、帰宅させます。せっかく外出できたついでにと、帰宅途中で店舗などに寄り道をせず、元気が残っているうちにまっすぐ自宅に帰るよう保護者に話します。翼学園に来た日に疲れすぎないようにすること、これが次回の通学につながる秘訣です。

　通学を始めた最初の頃はそのように細やかな配慮をして、学園の雰囲気や友達に慣れるまで様子を見ます。

　新入生は、通学回数を重ね、30人ほどの生徒が揃った教室でSSTにも入れるようになると、次第に緊張が取れていきます。少しずつ楽しんで学園生活を過ごせるようになり、学園の友達とも馴染んでくると、本人の心に余裕や希望ができ、学園のみんなが毎日教科学習をしていることに、それとなく気が付いてきます。

　新入生は、学園のみんながやっている勉強のことが気になり始めます。翼学園で英・数・国の教科学習も教えていることを話すのは、その頃です。

　教科学習の話をしたときは、本人の表情がしっかりしているかどうかを確認した上で、自分はどうしたいかの希望を聴きます。本人が、「みんなと一緒に勉強がしたい」と言葉ではっきり伝えてきたら、教科学習を始める時期だと判断します。本人の希望が湧き、学習用のノートを持ってきたら、学習の開始です。

　翼学園で毎日教えている教科は、主に算数・中学数学・中学英語・国語です。理科や社会科その他の教科の学習は、特別授業（翼スペシャルLesson）で学ぶ機会を作っています。

　教科学習は、最初に算数の復習から取り掛かります。

（４）重要な学力のリサーチ

　教科学習の指導を始めるにあたって、最も重要なことは、学力のリサーチです。学力の

リサーチは、生徒の気持ちを傷つけたり、悲しい思いをさせる可能性も高いので、必ずカウンセラーが行います。

現時点での学力を正確に把握し、何年生の教科書の、どの単元から学習を始めるか見当をつけます。

リサーチを始めるポイントは、子どもが現在何歳かということよりも、何年生のどのあたりから学校に行きづらくなっていたかということを、あらかじめ把握しておくことです。学校に行きづらくなった学年より、およそ、その1学年前の教科書を使ってリサーチを開始します。翼学園の新入生は、小学生のときから学校に行きづらくなり、次第に引きこもった子どもが多いため、ほとんどの子どもが小学算数からのリサーチです。

学力リサーチに使用する教材はすべて教科書です。教科書の目次どおりに、最初の単元から順に問題をさせてみて、本人が迷わずスムーズに問題が解ければOK、そうでなければ、その単元以降は本人が習熟していないと予想し、じっくり丁寧に教える必要があるということです。

すべて、本人の習熟度を基準に進めていくので、リサーチする学年を、最初の想定よりさらに1学年前にさかのぼり、設定し直すこともあります。リサーチだけでも、たっぷり数時間かかるので、まだ第二段階の初期で学習時間をほんの少ししか取れない子どもの学力リサーチは1、2か月以上かかることもあります。

およその学力がわかったら、教科書に添いながら単元ごとの学習に入ります。

（5）徹底した個別指導

翼学園では、学力のリサーチはもちろんのこと、学習はすべて個別指導です。これは、新入生の全員が、能力的な個人差があること、また、学校でつまずいている学習の箇所がそれぞれ違うことから、学習のスピードや開始する学年や箇所を一人ずつ合う形に変えているためです。一人ずつ丁寧に指導していくためには、この個別指導方式しかありません。

翼学園の学習指導は、最初の日から卒業するまで、ずっと個別指導で行います。勉強への焦りが出て、再び学校生活とイメージが重ならないようにするために、家庭での学習は、第四段階に入るまではさせないようつばさの会で話しています。塾や家庭教師で学習の補強をする必要もありません。むしろ翼学園で頑張って家に帰ってきた後は、心も身体もゆっくり休ませてほしいのです。活動のON・OFFをきちんと切り替えて、休むときにはしっかり休ませる方法は、実際の指導上でも効率が大きく、結果的に学習進度を速めています。

翼学園での具体的な学習の進め方は、最初の例題や解き方のページを教員が丁寧に教え、続く練習問題を、指示されたところまで自分の席で解き、ノートを持って来たら教員が指導します。教科書準拠のワークも並行して理解を深め、練習問題やドリルで解答力を

つけながら、一単元内をすべてやり終えると、さらに単元テストでどの程度の学力が身に付いているかを測ります。そのとき、基礎的な問題で間違っている場合は、もう一度最初からその単元を教え直します。

　数学（算数）はこのように、各学年の教科書のどの単元も落とすことなく、すべてをマスターさせてから次の学年の教科書へと進みます。

　英語学習の始めには、ほとんどの子が、小学校で習うローマ字の学習から入ります。学習指導は、英語も教科書が基本です。一緒に教科書を音読し、和訳しながら本文のあらすじを楽しんで、新出単語や熟語を理解し、英文法や単元の大まかな内容を理解させます。その次に、単語を覚えたり、教科書本文のきちんとした和訳や英文変換の小テストを各章ごとに行い、一単元を習熟させます。教科書準拠ワークを使っての練習問題も大いに役立ちます。

　国語の指導は、主に作文指導が中心です。集団行事や特別授業（翼スペシャルLesson）を受けた後、その特別学習の内容について意見交換や討論を交わしたり、自分の思いや考えを深めていく時間を作ります。その後で感想文を毎回書かせます。それらの指導も含め、きちんとした感想文や作文を書く日を月に１回は必ず設けています。

　自分が感じたことや新しく発見したことなどを、言語を使ってどのように表現するか。この継続的教育は、単に文章表現力を育てるだけでなく、鋭い感受性や、物事を深くしっかりと考える力を育てることにも効果が現れています。文章表現の指導中には、同時に漢字や基本的な文章の構成法・効果的な表現法・文法なども教えます。

　翼学園での漢字の学習は、英・数の教科書や、新聞や手紙、また、学園在庫の図書を読ませたり、翼学園の友達の誰かに毎月贈る「誕生祝いの色紙」を自分の言葉で丁寧に書くなど、特別な漢字学習の冊子ではなく、日常の中で使う漢字の読み書きを常に意識してさせています。その方が、子どもは漢字そのものに関心を持ち、辞書を使って自由に調べ、難しい漢字や熟語を書けること、覚えて自由に使えることに喜びを感じているようです。

　学校時代に十分な理解ができないまま授業が先へ進んでいく経験をした子も、翼学園の個別学習によって、最初のつまずきの箇所も基礎からすっかり理解できるようになると、その後の学習は自信を持ってどんどん進んでいき、確かな学力が身に付いていきます。

（6）子どもに初めての変化が

　教科書の学習が着実に進んでいくと、「もっと先へ」「もっともっと先へ」と、どの子も俄然、意欲が出てきます。と同時に、いつの間にか翼学園に来るのが楽しくなって、やがて送迎なしでも、自力で通学してみようかという意志も生まれてきます。

　自宅の部屋に引きこもっていた頃には全く見られなかった笑顔が、この頃には毎日続くようになります。

（7）子どもの前向きな変化を保護者に伝える

　保護者は毎日一番長く子どものそばにいるはずですが、子どもの回復を先へ先へと焦るあまり、子どもが徐々に元気になっていることに気が付かなかったり、回復途上の喜びを見いだせないことが非常に多いのが現状です。

　長い間家の中に引きこもり、いつも死の隣にいた子どもが、今は家から出て翼学園に通い、友達と一緒に笑うようにまでなったという心の変化が、本人にとってどんなに大きいことなのか、ここでもう一度、きちんと気付いてほしいと思います。その気付きが、保護者の心の焦りを食い止めることにつながります。

　「あなたが元気になってくれて、父さんや母さんはとても嬉しい」「明るくなったね。本当に良かった」――子どもに、こんなふうに言葉で表現することはとても大事なことです。親のそんな言葉が子どもの喜びや勇気となり、心の回復がぐんと進むことは言うまでもありません。

　けれどもこんな当たり前の言葉かけが、保護者を促さないとなかなか難しいのが現実です。なぜなら、この段階の保護者が見ているものは、遠い先の学校復帰なのです。

　この時期の保護者はどうしても学校復帰実現への焦りが捨てきれず、一歩ずつ心が立ち直っていく大切な我が子の小さな歩みが見えにくい状態にあります。保護者自身も、つばさの会でケアの方針や具体的な接し方を学び始めた初心者なのです。

（8）自主的な通学　本人の意志を尊重

１．自立通学への手助け

　自宅から翼学園までの道のりはさまざまです。学園のある余戸町内在住の生徒もいますが、東は四国中央市や今治市方面の島しょ部など香川県や広島県の県境から、西は宇和島市や伊方町に住んでいる生徒もいます。

　翼学園には、愛媛県内だけでなく、九州や関西、岡山県から通っていた子もいます。どの生徒も、通い始めは自家用車での送迎が最も多いのですが、その形をずっと続けるのではありません。徐々に、自分一人で家から翼学園まで通えるように支援し、指導していきます。県外からの定期通学はさすがに難しいですが、県内に住んでいる生徒は、いずれどの生徒も自力で毎日通学するようになります。通学の自立ができるようになれば、本人の目的意識も育ち始め、やがて自発的な意志で通えるようになってきます。

　通学の自立への手助けは、保護者にお願いしています。最初は保護者も子どもと一緒に自家用車での送迎から徐々に自転車や公共交通機関を利用するなど、現実的に子どもが通いやすい方法で自力通学を目指す援助に切り替えてもらうことになりますが、これも決して焦らないよう、その都度細かく助言していきます。

　人の多いバスや電車に乗ること自体が怖いと感じる子どももいますが、翼学園に行きた

いという気持ちが高まれば、そのうち勇気を出して、必ず一人で通えるようになります。

翼学園までの通学手段や時間帯も、まだこの時期には配慮が必要です。たとえば翼学園までの通学中で、顔を合わせるのがつらい人達（学校の制服姿の友達など）と、毎回バスや電車の中で一緒にならない工夫など、本人の気持ちが強くなるまでは精神的負担を避けることも大切です。

バスや電車の乗り換えや駅から翼学園までの道順を覚えたら、家から一人で通学できるようになるまで、徐々に送迎の範囲を縮めていく工夫をしていくと、やがて完全な自力通学が実現します。

２．翼学園への通学頻度

月に何日間翼学園に通学するか、その頻度は本人の心の状態と意志に合わせ、決して焦らせる必要はありません。ただ通学日数を増やせば早く回復するわけではないからです。

第二段階中のケアの目的は、子どもの心の傷の回復が最重要事項だということを、繰り返し保護者に伝えながら、親子のケアを続行します。

子どもの心は、今、深い傷の表面にうっすらと皮膜が掛かった状態です。少しでも無理をさせると、薄い皮膜はすぐに破れ、また、元の引きこもり状態に陥っていくので、特に慎重に親子のケアを進めます。

３．定期的通学日の設定

第二段階初期の通学日は、基本的には本人に選ばせています。心身が元気になり、現状では物足りなくなり、これまでよりもっと長く翼学園にいたいと自ら希望するようになれば、そこから徐々に出席する時間帯を拡げていきます。それに合わせて通学頻度も、月１回から２回、３回、やがては週１回と、子どもの個性や状態・希望に合わせて、しかし必ず慎重に、少しずつ増やしていきます。

本人の希望で出席する日数が徐々に増え、１か月の出席日が４回以上になったら、出席する曜日を決めて固定化してみます。通学日が固定化するまでに要する月日は、１か月から２～３年と、個人差がありすぎて全く一律にはいきませんが、翼学園では、子どもが無理なく継続して出席できるようになるまで、保護者も生徒自身も決して焦らせず、ゆっくり待ちながら指導していきます。

４．通学の時間帯

指導する時間帯も、基本的には本人の来られる時間帯を選ぶように配慮していますが、第二段階の最初は、午後０時半から３時までの間の１～２時間を勧めています（155ページ翼学園時間割参照：６時限目から一日の最後のコミュニケーションタイムまで）。この

時期には、まだ昼夜逆転している子どもが多いことへの配慮です。
　本人の様子を観察し、また本人の希望も聞き入れながら、少しずつ指導時間数を増やしていきます。学園の友達と一緒に楽しめるSSTや学習の時間を延長したり、おやつやお弁当が一緒に食べられる時間帯へつなげていったりと、徐々にステップアップできるよう導いています。

（9）集団スポーツへの導入

　スポーツが大好きで、本人が希望する場合は入学後すぐにでもスポーツへと導入します。けれども多くの新入生の場合は、教室内で行うSSTや教科学習に慣れ、友達との接触もだいぶ進んできた頃を見計らってから集団スポーツに誘いをかけてみます。
　スポーツは特に、集団で過ごす力を養う大きな効果があります。しかし子どもの中には、学校の体育の授業や運動会などでつらかった思い出やトラウマを抱えているケースも多く、スポーツの時間を怖がる子もいます。
　新入生のスポーツへの導入は、本人がやってみたいと思うようになるまで待ちます。学園に馴染んで、こんな優しい先生や友達と一緒ならスポーツも楽しめるかなと思うようになれば、みんなと一緒に戸外活動へ向かいます。
　翼学園にはグラウンドや体育館がありません。ですから、毎週1回しかないスポーツの日には、朝から生徒達の心は踊ります。11時には、お弁当を持って教員達が運転する数台の車に乗り込み、全員で和気あいあいと体育館やグラウンドへ向かって出発します。予約したスポーツ施設へ向かう車中では、しりとり合戦や楽しい話題で盛り上がります。そんな楽しい雰囲気の中で、固まっていた新入生達の心も少しずつほぐれていきます。
　とはいえ、スポーツ指導の時間は、教員達は教室内での指導中よりずっと注意を払い、生徒達、特に新入生から絶対に目を離さず、常に寄り添っています。誰かがけがをしたり、新入生が集団で過ごすことに苦しくなったら、すぐに連れて帰れるように配慮できる体制です。

（10）学校や級友との連絡はつらく苦しい

　学校に行けない子どもにとって、普通に学校へ通学している友達に会うのはとても苦しいことです。学校の先生に会うことは、もっと強く苦しい気持ちになります。

このことは、翼学園に通った生徒達が全員、切実に語っています。

子どもは学校を思い出すたび気持ちが沈んでいくので、早く心を回復させるためには、できるだけ学校の先生や友達に会わせない工夫をしてあげてほしいと思います。

保護者もまた、子どもと同じように、罪悪感や挫折感で苦しみが強まるので、翼学園では親子の心の回復を守るために、学校と家庭とのパイプ役を引き受けています。メールや電話、家庭訪問などが一切なくなると、親も子も心が軽くなります。

学校や教育委員会との連絡は、毎月書面で行っています。書類の内容については後のページに一例を紹介しています。

学校とは書類提出だけでなく、教科書の受け渡しや緊急連絡などのすべてが、迅速・スムーズに進むよう配慮して行っています。

（11）大きな落とし穴は保護者の焦りにある

保護者には、子どもは今少し元気が出たけれども、まだ第二段階のケアを行っているところであり、いつまた翼学園に通えなくなるか、非常に危うい状態であることを認識しながら子どもに接してもらう必要があります。したがって、ケアや指導の対象は、子どもだけではありません。保護者の子育て学習も毎月休まず続けています。

毎月の保護者の定例会「つばさの会」では、第二段階の頃には、子どもへの特別扱いをやめて、差別も過保護もなく、年齢相応にきちんと扱うように指導します。

家族が心穏やかになり、子どもの心から不安が消え、落ち着いて翼学園に通える環境が整うことが、第二段階のケアの目標です。

それまでの子どもは自分の将来に失望して自暴自棄になったり、自分では動こうとせず他力本願だったり、怒りや鬱に陥って自分の殻に閉じこもり、家庭の中でも孤独でした。

第二段階のケアがどんどん進んでいくと、子どもは心の安らぎと自分への小さな期待を取り戻し、もう一度頑張ってみようかと希望を感じ始めるのです。

その明らかな変化を見届けたなら、それは第二段階のケアの終了が見えてきた、ということです。

翼学園への安定した通学が始まると、これまでの長い引きこもりから脱出した子どもの家庭生活は一変していきます。子どもにとって、それは非常に大きな転換期です。大きな転換期に必要なエネルギーは、これまでになく膨大で、子どもは本当に必死で頑張っています。だからこそ、保護者はここで焦って子どもを急がせたりせず、慎重に家庭でのケアを継続しなければなりません。順調だと思って焦りすぎると、再び子どもを挫折させることになります。

4　第二段階ケア中の学校との連携

～学校と家庭間の連絡は、翼学園がパイプ役を～

（1）毎月の学校への連絡

　生徒の在籍学校へは、本人の月間記録（指導内容報告書）を毎月作成し、書面にて届けています。県と市の教育委員会にも同じものを届けています。

【月間記録の内容】
　本人が翼学園に出席した日・出席時間帯・月の指導目標や指導内容、教科学習の進行状況やスポーツ・集団行事への参加の状況やコミュニケーションスキルの状態など、現在の本人の心身の状態と家庭の状況などを、詳細に記録しています。そのほか、本人の作文やテストのコピー、印刷した本人の活動中の写真なども添付しています。

（２）緊急時・諸連絡
　緊急時の連絡は迅速に、学校と家庭の両方に連絡がつくようにしています。そのほか、以下のような配慮を行っています。

１．子どもの教科書や学校からの諸通知など、必要なものを随時受け取りに行く
２．学校や家庭から要望があるときは、随時学校訪問をする
３．学校から翼学園への訪問や見学は放課後積極的に受け入れている

　また、学校からの申請に応えて、指導部会の研修会なども翼学園で開催しています。

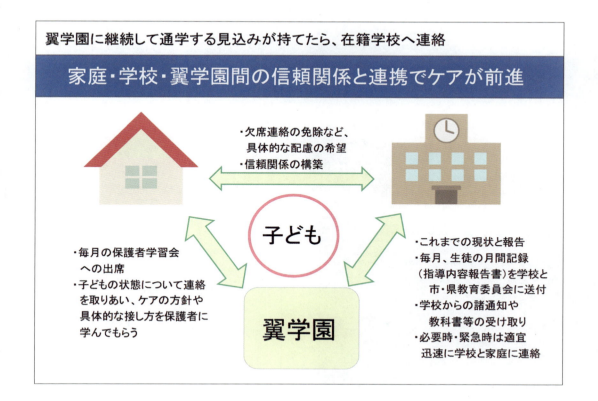

教育委員会からの通知・入所通知書 — 様式1〜3

**不登校児童生徒の学校外施設への通所にともなう
出席扱いの措置について**

松山市教育委員会

本件は、文部省通知（文初中330平成4年9月24日付け）に基づき、不登校児童生徒が学校外施設へ通所した場合の指導要録上の出席扱いに関する取扱いについて定めるものである。
　不登校児童生徒が学校外の施設において相談・指導を受けるとき、下記の要件を満たすとともに、当該施設への通所又は入所が学校への復帰を前提とし、かつ不登校児童生徒の自立を助けるうえで有効・適切であると判断される場合に、校長は指導要録上出席扱いとすることができる。

1　出席扱いの要件
（1）保護者と学校との間に十分な連携・協力関係が保たれていること。
（2）当該施設は教育委員会等が設置する適応指導教室等の公的機関とするが、公的機関での指導の機会が得られないあるいは公的機関に通うことが困難な場合で本人や保護者の希望もあり適切と判断される場合は、民間の相談・指導施設も考慮されてよい。
　　ただし、民間施設における相談・指導が個々の児童生徒にとって適切であるかどうかについては、校長が、設置者である教育委員会と十分な連携をとって判断するものとすること。
　　なお、民間施設が児童生徒にとって適切かどうかについては、おおむね以下の基準によること。

2　判断基準
（1）実施主体について
　　実施者が不登校児童生徒の不適応・問題行動に対して深い理解と知識又は経験を有し、かつ社会的信望を有していること。
（2）事業運営の在り方について
　　不登校児童生徒の不適応・問題行動に対する相談・指導を行うことを主たる目的としていること。また、著しく営利本位のものでないこと。
（3）相談・指導の在り方について
① 児童生徒の人命や人格を尊重した人間味のある温かい相談や指導が行われていること。
② 相談・指導の対象となる者が当該施設の相談・指導体制に応じて明確にされていること。また、受け入れにあたっては面接を行うなどして、該当児童生徒のタイプや状況の把握が適切に行われていること。
③ 指導内容・方法、相談手法及び相談・指導体制があらかじめ明示されており、かつ現に児童生徒のタイプや状況に応じた適切な内容の相談や指導が行われていること。また、我が国の義務教育制度を前提としたものであること。
④ 体罰等のいきすぎた指導が行われていないこと。
（4）相談・指導スタッフについて
① スタッフは、児童生徒の教育に深い理解を有するとともに、不適応・問題行動について知識・経験をもち、その指導に熱意を有していること。
② 専門的なカウンセリング等の方法を行うにあたっては、心理学や精神医学

（様式1）

入 所 通 知 書

令和　年　月　日

松山市立　　　学校長　様

児童生徒氏名
住　　所
保護者氏名　　　　　　　印

　この度、保護者の責任において下記施設へ通所（入所）させたいと存じますのでお知らせします。

記

1　施設名　　　認定NPO法人　翼学園
2　施設責任者名　　大野　まつみ
3　施設の住所　松山市朝生田南3丁目3-39　電話 089-971-5706
4　施設における活動内容（週計画等、施設の資料を添付しても可）

時刻	月	火	水	木	金
	「翼学園 時間割」を別紙にて添付 「年間行事予定表」				

5　経費　月額　　　　円

（様式2）

連　絡　票

令和　年　月　日

保護者　様

施設名　　NPO法人 翼学園
施設責任者　大野 まつみ　㊞

出席状況等を次の通り報告します。

在籍校名・学年	学校　（　　）年
氏　　名	

	月	出席日数	本人の活動状況
通所等の状況	月	日	毎月の「月間記録」を 別紙にて添付
	月	日	
	月	日	

（様式3）

令和　年　月　日

松山市教育委員会
学校教育課長　様

松山市立　　　学校
校長　　　　　　印

児童生徒の民間施設通所等にともなう出席扱いに関する所見

児童生徒氏名	施設名	出席の取扱い	理　由
		・出席扱いとする ・出席扱いとしない	
		・出席扱いとする ・出席扱いとしない	
		・出席扱いとする ・出席扱いとしない	

5　第二段階の生徒　ケア終了の基準

　月日が経ち、第二段階のケアが終盤まで進んできた生徒は、学園の友達や先生のことが大好きになり、いつも笑っているようになります。近距離の生徒は自転車通学を始めたり、バスや電車通学の場合も回数券や定期券を購入して、できるだけ休まず通学することを目標にして頑張り始めます。
　やればやるだけ、学習がどんどん先へ進んでいくことも嬉しくて、一度は諦めきっていた自分の未来にも何となく期待が感じられるようになり、心が明るく変化しているのです。

◎確認事項
1．学校のことを考える時間が極端に減り、心が軽く、明るくなっている
2．家族に素直な自分の気持ちを伝えられるようになり、家庭でも、いつも機嫌が良くなった
3．心の重圧感が取れて、顔も明るくなったと、生徒自身が感じている
4．翼学園の友達と仲良くなって、SST（ソーシャルスキルトレーニング）を楽しんだり会話もできるようになり、毎日の学園生活がぐんと楽しくなった
5．授業やカウンセリングを受け、毎日接するうちに、翼学園の先生を信頼してみようと思い始めた
6．送迎なしの自力通学が、週の半分以上定着してきた

　以上のような状態まで回復したことを確認できたとき、第二段階の指導期間を終了し、次の第三段階の指導へと進みます。

[第10章]

翼学園の五段階理論 II
五段階別の指導法
～第三段階の指導法～

第10章
翼学園の五段階理論Ⅱ　五段階別の指導法
～第三段階の指導法～

1　第三段階のケアの概要

　第一・第二段階のケアで、新たな希望を持つことができた生徒は、明るい気持ちで翼学園への通学を続けます。
　週３日以上の定期的な自力通学が定着する頃には心の回復もぐんと進んできます。心身回復の状態を見ながら、第二段階から第三段階のケアと指導へと移行します。

（1）第三段階の３つの目標
　第三段階は、第一・第二段階のケア完了の上に立って、引き続き社会生活を送るための実力を培っていくケアと指導の段階です。
　大きく３つの目標を持ち、毎日のケアと指導を行っています。

　１．生活習慣の改善
　２．集団生活が楽しめるようになる
　３．親子関係の立て直し

　第三段階に入ると、学習もぐんぐん進み始めます。第二段階の間に、学校でわからなくなっていた単元も十分理解できて自信を回復し、学習内容も先の学年へと次々に進んでいく状態になっていますから、その先の学習はわりあい順調です。
　学習を進めながら、心と身体のバランスの良い成長をねらいとするのが、この第三段階です。

（2）本来の元気な自分を取り戻す
　この３つの目標へ向かうケアがどんどん進んでいくと、第三段階の生徒の心はぐんと成長します。精神面の成長に伴い、客観的に自分を見つめる習慣も身に付いてきて、これまで学校や社会生活で感じていた劣等感や強い自己否定感が次第に薄らいでいきます。そのことを自分でも実感できるようになり、気持ちがぐんと軽くなって、これから先の自分に対する期待感や希望がじわじわと湧いてくるようになります。
　学園生活がますます楽しいと感じるようになると、自分の学習の進み具合にも関心が高

まり、さらに意欲が湧いてきます。これが、第三段階のケアが深まった生徒の心の状態です。

　第三段階のケアと指導の内容は、学校や社会復帰を目指すためにどれも欠かすことのできないことばかりです。過去の心の傷や、集団への恐怖心もあらかた消えて、学校のことで心が傷つく前の、ありのままの元気な自分に立ち戻れることが、この第三段階の最終目標です。

2　生活習慣の改善

　第三段階の最初の目標は、生活習慣の改善です。
　このケアと指導のための具体的な方法は大きく2つあります。一つは家事分担の教育です。子どもも家族の一員として、できる範囲内の何らかの家事を、責任を持たせて日常の習慣にするという家事分担は、心の自立や大きな成長をもたらします。もう一つは夜型生活や昼夜逆転から立ち直らせ、健康的な生活時間を確立させていくことです。
　この三段階のケアと指導が完了した頃の生徒は、考え方や心もしっかり成長してきて、食事や睡眠なども必要なだけ十分取れるようになり、心と身体の健康を取り戻しています。そうすると自然に体力や持続力も付き、もう少し頑張っても大丈夫、というような踏ん張りや自信が湧いてきます。
　家事分担と生活時間の改善で健康な心身が復活していくにつれ、思考力や明るい心も取り戻して、友達と一つの教室で楽しく勉強ができる状態になります。
　穏やかで明るい表情や行動が家庭でも学園でも、毎日安定して見られるようになる頃には、ひとりでに出席日数も増え、毎日休まず元気に通学してくるようになります。そしていつしか、毎日通学することが、本人の中で当たり前になってきます。
　ここまでくると、生徒の生活習慣の改善が十分に成功したと判断します。
　ただし、ここで気を付けないといけないことは、家庭内と学園内とで行動のギャップがないかどうかを確認することです。毎月のつばさの会で家庭内での生徒の様子をしっかり聴きとり、ケアを進めていく必要があります。

（1）第三段階　ケア初期の出席・指導時間

　第三段階の初期には、翼学園に来ない日は、いまだに昼夜逆転気味の生活になってしまう、という生徒も何人かいます。
　この昼夜逆転や夜型生活を立て直すために、翼学園では一人ひとりの心身の状態や環境条件を鑑み、個別で指導しています。

第10章　翼学園の五段階理論Ⅱ　五段階別の指導法　～第三段階の指導法～

　翼学園のweeklyは学校に近い形で、土日祝日を除く月曜から金曜までの週5日間、決まった時間割に沿って毎日の指導をしています。

翼学園　時間割

		月曜日～木曜日	金曜日
1限目	9:00～10:00	教科学習	教科学習
2限目	10:00～10:20	園芸活動	園芸活動
3限目	10:20～11:00	教科学習	スポーツ 市営グラウンド・体育館 その他の公共施設を利用
4限目	11:00～11:30	SST※	
5限目	11:30～12:00	教科学習	
	12:00～12:30	昼食	昼食
6限目	12:30～12:50	SST	
7限目	12:50～13:30	教科学習	
8限目	13:30～14:00	SST	
9限目	14:00～14:30	教科学習	
	14:30～15:00	コミュニケーションタイム	
	15:00～15:15	清掃	
	15:15～15:30	全体ミーティング	全体ミーティング
	15:35	解散	解散

※SST＝ソーシャルスキルトレーニング（友人と会話や卓上ゲーム等を楽しみ、友情を深める指導の時間）

　朝の1限目から9限目、さらに授業最後のミーティング終了までの全時間帯の出席ができるようになるのは、この第三段階に入った後、しばらく経ってからです。

　個人差はありますが、第二段階までの間は、ほぼ週3日程度の出席が限度です。出席時間帯も、全時間の出席はまだ難しい状態ですし、朝遅い時間に到着したり、時間の途中で帰るなど、生徒にとって無理のない出席状態を続けています。

　翼学園では、自分で書き入れる様式の出席簿を常設しています。出席簿には、翼学園に到着した時刻と、家庭で引き受けている家事分担をやれたかどうかを記入する欄があり、生徒達はそれらを毎日自分で記入します。家事分担の記入は、[◎：自分で進んでできた、○：言われてできた、△：半分できた、×：できなかった] という4段階方式で、これも毎日自分で記入します。

　第三段階に入った頃から通学日を定期化して一週間の生活リズムを作っていきます。最初は、たとえば週3日なら、月・水・金を出席予定にするとか、学園に到着する時間帯も、朝は少し遅めの10時到着にするなど、自分に無理のない時間を考えて、それぞれが思う時間に設定します。このときは生徒の相談に乗り、自分でよく考えさせて、無理をせず通える日数と時間帯を万事ゆるめに設定するよう指導します。目標とする数字は最初は低めの設定にして、100％達成できるようになることを目指します。

出席予定の曜日と時間を決めたら、生徒はそれを持続できるよう一生懸命頑張ります。自分の設定した出席予定日に休んだらその日は「欠席」、設定時間に遅れて到着したら「遅刻」です。遅刻をした日は、出席簿に赤字で到着時間を書き入れます。病気ではないけれども、前日の疲れが取れず、身体がしんどくて動けないと思う日に休むのは、むしろ良いことだと教えています。

　当然ながら、出席する日も時間も、それぞれが違う、自分だけの設定になります。欠席しないことを頑張るより、元気で行ける日に、朝きちんと支度を急いで、自分で決めた時間に遅刻をしないで到着できること、これができるようにと励まします。

　人と比べたり、やみくもに頑張るのではなく、確実な自分のペースをつくっていけると、第三段階の生徒は日に日に心身が元気になっていき、次第に出席日数が増えてきます。学習時間帯も増やしたくなって、自分から朝の到着時間や、出席予定日の変更を申し入れてきます。

　その際、カウンセラーは改めて本人の心身の回復度や現在の出席の状況を確認した上で、大丈夫と判断したら本人の希望を聞き入れ、通学日数を徐々に増やしたり、朝の到着時間目標を徐々に早めの時間に設定するための生活時間のアドバイスをしていきます。実はこれらの指導が、夜型生活や昼夜逆転の生活から立ち直り、健康な生活時間を組み直していくためのケアの始まりとなります。

（２）家事分担で心の自立を育てる

　第三段階に入るまでは、生活習慣改善の指導は保護者だけで、生徒自身に対しては積極的には行いません。その際も決して早まった指導をせず、本人から相談があるなど、子どもの心に「翼学園に行きたい。もっと勉強がしたい」という前向きな気持ちが強くなったことをしっかり確認できるまで控え、その時期が来るのを待ちます。

　ここでは確実な見極めが必要です。親の勧めや焦りから出た気持ちではなく、本人自身に湧いてきた意欲や強い意思をしっかり確認できてから指導を始めないと、生徒は再び自らの焦燥感とプレッシャーに押し潰されてしまうからです。

　生活習慣の改善は、翼学園への通学や生活時間の改善だけではありません。集団生活の最も基本となる家庭の中で、生活全般の見直しを図ることも大切です。

　家庭内での時間の使い方を改善したり、家族の一員としての意識の自立を促す方法の一つに、家事分担があります。翼学園では毎日、朝と終業前に花壇の手入れや室内清掃などの作業時間をとっています。自分達で使う生活スペースの管理を分担して行います。また、運動会や戸外活動時の準備や片付けも、学園生活の一部として全員で行っています。秋には、全員で大掃除も行います。

　第三段階に入ると、これからは家庭の中でも、人が生きていくための衣食住、そのため

第10章　翼学園の五段階理論Ⅱ　五段階別の指導法　〜第三段階の指導法〜

毎日の清掃　自分達で使う教室を
きれいに拭き掃除しています

毎朝の園芸活動
花壇への水やり・
草引きも楽しい

にやらなければならない家事の諸々を、意識して生活させていきます。

　この第三段階では、家族が自分のためにどんな家事をやってくれているのかを知ることから始め、その家事の一部分を自分で選んで引き受けさせ、自分や家族のために毎日継続する習慣をつけていきます。これが翼学園の「家事分担の指導」です。

　家事の一部を責任を持たせる、という「家事分担の指導」は、単なるお手伝いとは全く違って、子どもの心に非常に大きな成長をもたらします。

　その一例として、風呂掃除をあげてみます。風呂掃除を分担した子どもは、翼学園から帰った後、夕方家族が入浴するまでには、毎日きちんと浴槽や浴室をきれいに清掃し、いつでもお湯が張れる状態にしておかなければなりません。掃除の手を抜くと、浴室が汚く黒ずんでしまうし、掃除をするのが遅れたり、忘れていたりすると、家族も自分も入浴できないことになります。

　家事の分担は、ほかにも、毎日のご飯炊きや洗濯、食器洗いなどがありますが、どれも同じように、家族全員に必要とされていることばかりです。自分で引き受けた家事は、自分がやらなければ、家族全員が困ることになります。

　軽い家事一つでも、分担して責任を持つとなると、思っていたより大変です。家事分担を毎日きちんとこなすためには、計画的な家事時間の設定が必要であり、それまで家庭の中では依存状態だった子どもにも、責任感や時間の観念が芽生え、仕事手順や時間の計画性、家庭生活のリズムも生まれます。また、家事分担を頑張っていることについて、家族から感謝されたり、誉められたりすると、「自分の存在が家族にとって必要なんだ」という喜びで、自分に自信もついてきます。

　家事分担を継続して頑張っていく大変さも日々実感し、これまでずっと、この大変な家事をやってくれていた保護者に対し、心からの感謝も湧いてきます。一つの家事分担が十分こなせるようになり、余裕が生まれると、もっと自分でできることを考え、家事分担の内容を、自分から少しずつ増やしていけるようになります。翼学園には、働いている両親を助け、３つも４つも家事分担を自ら引き受けて頑張っている生徒が多数います。

また、「家事分担の指導」は、「第三段階のケアと指導」におけるねらいのすべてにつながり、それらの指導の基盤となります。
　長期間、家族への依存状態で家庭内で過ごしてきた子どもは、何につけても自分でできる自信がありません。第二段階でやっと自力通学ができ始めたものの、まだまだ（自分はほかの人とは違って、あれこれできないことがある）と思い込んでいるところがあります。その内容は全員それぞれですが、実際よりも自己評価が低く、自信が持てない面や、逆に自己過信気味になっている面など、問題の箇所が見つかるたびに、それらの一つずつを解決していくためのカウンセリングや個別指導を行います。
　その具体的指導法のもう一つの例として、比較的多い、昼夜逆転の悩みを持つ生徒のケアと指導を、実際の記録から紹介します。

（3）夜型生活や昼夜逆転の改善
〜清水賢一さん（仮名）18歳の事例から〜
１．絶対に治らないと自分で決めていた
　この指導に入る前、賢一さんは「朝は起きられないし夜は眠れない、これはずっと昔からの体質だから絶対に治らない」と固く思い込んでいました。
　賢一さんは、当時週２〜３日のペースで翼学園に通っていましたが、話を聴いてみると、気持ちは楽しくても、身体には相当な無理をして通学していたことがよくわかりました。
　もともと朝は苦手で、夜はいつまでも寝付けない子どもでした。小学校高学年から学校に行きにくくなり始め、中学校ではほとんど学校に行けなくなって、夜型の生活から次第に昼夜逆転の生活になりました。以来18歳になるまでずっと家庭生活では完全な昼夜逆転の生活を続けており、就寝時間が朝５時から８時の間になり、起床が深夜になるといった具合です。親子の会話は、朝のわずかな時間か真夜中という生活でしたから、親子でゆっくり話し合う時間を作るのは非常に難しい状態でした。
　昼夜逆転の場合は、夜と昼の時間帯がきっちり固定化しているよりも、むしろ毎日少しずつずれてくる場合が多いので、その良いタイミングを見計らって翼学園につながり、通うことになりました。
　定期的な通学が始まり、翼学園に通うのが楽しいと思うようになると、昼夜逆転が自然に治っていくケースも多いのですが、中にはどうしても改善していかないケースもあります。賢一さんの場合は、翼学園に行く予定の日には、たとえ一晩中眠っていない朝であっても、眠いのを我慢してそのまま通っていたことがわかりました。
　友達とは仲良く、楽しい関係になっているにもかかわらず、時折、表情がぼんやりしていたり、身体に力が入らない日が多かったのは、この無理な生活が原因でした。

2．夜型や昼夜逆転の正体を知るカウンセリング

夜型は自分の性質だから治らないと思い込んでいる賢一さんには、まず、カウンセリングで、睡眠や覚醒を司るホルモン分泌のメカニズムについて、本人がわかる言葉で、できるだけ詳しく説明することから始めます。

3．睡眠ホルモン「メラトニン」

まずはじめに賢一さんに話をするのは、メラトニンについてです。夜、私達が眠っている間には、睡眠ホルモンの「メラトニン」が働いています。このメラトニンは、朝起きて光が目に入ってから14～16時間後に脳深部の松果体（しょうかたい）から分泌され、心身をリラックスモードにすることで、自然な眠りを促す働きをしています。体内時計に働きかけることで、覚醒と睡眠を切り替えて、自然な眠りを誘う作用があり、「睡眠ホルモン」とも呼ばれています。

朝、光を浴びると、脳にある体内時計の針が進み、体内時計がリセットされて活動状態に導かれます。また、体内時計からの信号で、メラトニンの分泌が止まります。メラトニンは目覚めてから14～16時間ぐらい経過すると体内時計からの指令が出て再び分泌されます。徐々にメラトニンの分泌が高まり、その作用で深部体温が低下して、休息に適した状態に導かれ眠気を感じるようになります。

このメラトニンは眠りを誘うほかに、抗酸化作用によって細胞の新陳代謝を促したり、疲れを取ってくれるために、病気の予防や老化防止にさまざまな効果を持つと考えられており、注目されているホルモンのひとつです。

4．夜間に多く分泌されるメラトニン

メラトニンの分泌は主に光によって調節されています。夜中に強い照明の中にいると、体内時計の働きが乱れてメラトニンの分泌が抑えられます。これが睡眠覚醒リズムが乱れる原因となります。

5．体内時計の乱れが起こすこと

24時間型と言われる現代社会においては、夜更かしや暴飲暴食、運動不足、シフトワークなどで生活習慣を乱しやすく、体内時計を乱しやすい環境にあるといえます。体内時計の乱れが続くと、睡眠覚醒リズムが乱れて不眠が引き起こされます。それだけでなく、体内時計の乱れが続くと、生活習慣病などそのほかの疾患にも悪影響を与えることも問題視されています。良い睡眠習慣のためには体内時計や生活習慣を整えることが大切です。

6．体内時計の乱れを整えメラトニンを増やすには？

〈生活習慣の改善で体内時計の乱れを整える〉
- 起きる時刻を毎日一定にする
- 朝起きたら光を浴びる
- 朝食を毎日食べる
- 夜はなるべく光を浴びない

〈メラトニンを増やす方法〉
- 日光を浴びる
- 夜間の強い光を避ける
- 食べ物から摂取する
- リズム運動をする

〈メラトニンを分泌するために良い食べ物〉

豆や豆製品・牛乳・ナッツ・魚類・肉類・アボカド・バナナ類など。良質なタンパク質から摂取できるトリプトファンという必須アミノ酸は、セロトニンというホルモンのもとになります。セロトニンはやがてメラトニンに生合成されます。

7．目覚めと睡眠を助けるホルモンの分泌

次には、このような話も聞かせました。

睡眠に応じて分泌が大きく変化するホルモンは2つあります。成長ホルモンと副腎皮質ホルモン（コルチゾール）です。

まず、成長ホルモンは脳の下垂体から分泌されるホルモンです。睡眠にはレム睡眠（脳が活発に働いており、記憶の整理や定着が行われている）とノンレム睡眠（大脳は休息している。脳や肉体の疲労回復）があり、成長ホルモンが分泌されるのは、さらに脳の休息が深まった深睡眠ステージ3です。寝入ってから30〜60分で分泌されます。睡眠中の成長ホルモンは新陳代謝を助けるために分泌されていると考えられています。

もう一つの副腎皮質ホルモン（コルチゾール）は、起床の2時間ほど前から増加するホルモンです。起きてからすぐに動けるように血糖値と血圧を高めて活動の準備をしています。

面白いことに、起きる時刻を決めて目覚まし時計をセットするだけで、起床時刻の約2時間前から増加することがわかっています。これは就寝前に決めた眠る時刻を、就寝中も脳が認知し起こる現象です。

8．自然のメカニズムに沿って

これらのホルモンの働きやしくみを子どもなりに理解できると、その自然のメカニズムに沿って生活していくことは、心身の健康を守る上で重要なことだということや、朝目覚めるホルモンを出させることができるのは自分自身だということも、何となくわかってきます。

9．朝は決めた時間に起きる

　夜の睡眠の大切さが納得できたら、次は快適に暮らせる睡眠時間帯に変える方法を教えます。ここでは具体的に、「どうすれば改善できるのか」その方法を教えます。

　翼学園で教えている方法は、「たとえ、よく眠れていなくても朝は決めた時間に必ず起きる」ことです。その後、二度寝や昼寝をしないで、決まった時間の朝の起床を何日か続け日中に太陽の光を浴びて1日を過ごすだけで、夜は自然に眠くなります。夜がくると順調にメラトニンが分泌されるようになり、睡眠導入剤などは一切必要ありません。最初は苦しくても、これを2～3日以上続けて頑張れば、昼夜逆転は治っていきます。翼学園ではほとんど全員の子どもが昼夜逆転からの脱出に成功して、自信を取り戻しています。

　成功につなげるカギは、起床後、「楽しい翼学園へ行きたい」という目的と意欲が本人の中に湧いていることです。昼夜逆転の治療を第三段階になってから始めるのは、そういった前向きな心の変化が、子どもの頑張れる力になるからです。

10．保護者の手助けも必要

　何事も、一人だけで決心して必死で頑張るよりも、家族や周りの人にもわけを話し、助けを借りながら明るい気持ちで頑張る方が、良い習慣は継続し、成就しやすいものです。

　ゲームや携帯で深夜まで画面の光を見る習慣がついている場合は、夜は毎日、決めた時間に端末を親に預けるなど、心の誘惑に負けないような工夫が必要です。これも、自分で頑張る決意ができないと実現しませんが、もちろん、保護者の手助けや励ましを受けることも必要です。

　家族からの協力に支えられ、自分の生活スタイルが改善できたら、それは最高に素晴らしいことです。

> 昼夜逆転治療を進める中で、やる気はあるのにイライラしたり興奮したりして、本人が日常的につらい場合は、医師に相談して、興奮を調節し心身の緊張を緩めてくれる、軽い漢方薬を処方してもらうこともあります。

11．昼夜逆転からの脱出

　以上のようなケアと指導の中で、昼型の生活やきちんとした睡眠、健康的な食生活など、より良い生活習慣が日常化していくと、賢一さんは心身の健康を取り戻し、翼学園での学習やスポーツに無理なく自然体で、力いっぱい挑戦できるようになりました。本人や家族が絶対に治らないと思い込んでいた昼夜逆転からの、完全な脱出の成功です。

　賢一さんは毎日、夜はぐっすり眠り、朝すっきり目覚めるようになると、全身の力がみ

なぎり、自分の本来の実力を発揮し、継続して頑張れるようにもなりました。心もぱっと明るくなり、表情も別人のように明るくさわやかに、しっかりしてきました。

（4）長期休暇を作らない翼学園

　しかし実際は、取り戻した昼型生活がもっとしっかり定着するまで、まだまだ何年かは油断できません。学校でいう夏休みや冬休みなどの10日以上も長い休暇が続くと、そのうちつい油断して夜型の生活になり、再び昼夜逆転がぶり返す恐れもあります。何日も心のケアができない状態を続けることは、再び鬱や閉じこもりの原因となる可能性もあります。

　そういう理由もあって、翼学園では年間を通じて長い休暇は設定していません。5日以上続く祝日連休には、間に通常の授業日を作り、なるべくまとまった休みを作らないように工夫しています。さまざまな心の治療を中断しないためです。

> 　翼学園に在籍中の生徒は、まだケア途上の生徒達ばかりです。翼学園にいる間に、しっかりした生活内容が安定するまで繊細で確実なケアと指導を続け、何の心配や不安もなくなってから卒業させ、学校や次の世界へと復帰させたいと願っています。

3　集団生活が楽しめるようになるケア

（1）生活習慣の改善指導と絡ませて

　第三段階の2つ目の目標は、これまで苦手で避けていた、人とのコミュニケーションや集団スポーツ・行事などが心から楽しいと感じるように、気持ちが大きく変化することです。これは生活習慣の改善のケアとの相乗効果をねらい、2つのケアをうまく絡ませながら、ゆっくり効果的に行っていきます。

　集団生活への指導とケアは、主に学校でのトラウマの治療です。本人にとっては、集団生活での体験が学校に行けなくなる大きな要因になっている場合が多いので、ここでも専門的な心の治療が必要となります。

（2）コンプレックスのありかを見つける

　集団生活への恐怖心を和らげ、好きになっていくための治療は、まず本人のコンプレックスのありかを見つけることから始めます。たとえばスポーツが嫌いといっても、身体を

フットサル
ボールの蹴り方を教わる

SST（ソーシャルスキルトレーニング）
ドイツゲームや和製の卓上ゲームで友達と大笑い

動かすことすべてが嫌いなわけではありません。カウンセリング中に、体育の時間や運動会で嫌な思いをした体験を語ってくれたり、翼学園のスポーツ時に絶対にやろうとしない競技があるといった実際の行動から、そのトラウマを発見することができます。とりわけ、球技が苦手な子どもが多いことも特徴の一つです。

　トラウマの箇所が見つかりさえすれば、後は心のケアをしながら、初歩の初歩から丁寧に指導します。球技の場合であれば、どんなに苦手な競技もマンツーマンで指導すれば、一番にはなれなくても、すぐにある程度はできるようになります。

　最後は、たとえ下手なプレイでも、失敗しても、決して笑ったり咎（とが）めたりしない翼学園の仲間の優しさが、トラウマ解消の大きな支えとなります。

（3）友情の深まりがカギ

　第一・第二段階のケアを完了した生徒は、心身の回復に伴って、自然に翼学園での集団生活ができるようになっています。第三段階に入ると、さらに仲間への安心と信頼感が確かなものになっていき、明るい気持ちで集団活動日に出席します。

　翼学園に出会う前は、人とのコミュニケーションが苦手だったり、集団の中に入ることが苦痛で、それらを避けていた子どもも、次第に大勢の仲間と一緒にSSTやスポーツをする楽しさがわかってきます。そして第三段階が終了する頃には、以前は大の苦手だったはずの集団活動の時間が、むしろ一番の楽しみになるほどに変化してきます。

　第三段階の生徒は、生活習慣の改善で集団スポーツやレクリエーション、翼スペシャルLesson（外部講師を招いて学ぶ各教科の専門授業）などに参加できるようになり、また、それらの楽しい行事に参加したいと思うことで、昼夜逆転を治していこうと努力するようにもなります。

　親しくなった仲間達と楽しむ翼学園の集団活動は、やればやるほど達成感や楽しさが増し、学園の仲間の優しさに毎回触れ、互いに助け合える喜びや嬉しさが往き交う時間にな

ります。この交流の中で生徒達はみな、次第に心身の健康を取り戻していきます。日一日と深まっていく仲間との友情が、もう一度人を信じる心を取り戻し、いつしか自信や明るい心も戻ってきます。これは、集団教育の中でしか育たない、大変貴重な心の育ちです。

第三段階の生徒達はやがてどの子も、仲間と一緒なら、学園外の人達と交流する活動も、合宿や県外への一泊旅行も、恐る恐るでも参加してみたいと思うようにさえなります。

4　親子関係の立て直し

3つ目のケアと指導の目標は親子関係の修復です。ときには深刻なケースもあります。これも非常に重要な指導ですから、あえて取り上げています。

（1）親への不信感の修復

子どもにとって、何より大好きな人のいる家庭内でゆったりした気持ちでくつろいだり、家族に愛され守られているという満たされた気持ちで生活できることは、健やかな心身の成長のために、なくてはならないものです。

そのためにも、親子の互いの気持ちがこじれ、通じ合わなくなってしまったり、はたまた親子の立場が逆転し、家庭内での子どもの発言力が誰よりも強くなりすぎて、親からの教育指導がうまくできない状態になってしまうなど、どう見ても不自然な親子関係で困っている場合には、その関係性を修復していくケアを行います。

中でも、親子関係の修復を行うケアで最も大変なケースは、精神面で親子の立場が逆転し、子どもが自らを家族の中で一番の被害者と思い込み、家庭の中で王様になっている場合です。原因として最も考えられることは、もともと人に指図されたり支配されることを特に嫌う子どもである場合です。保護者の接し方を見ると、子どもへの過度な気遣いや遠慮が見られます。

子どもが学校へ行けなくなるまでは普通に叱ったり教育してきた保護者も、学校に行けない我が子がもがき苦しむ様子を長い間見ているうちに、助けてやれず苦しませてきたという罪悪感を抱くようになります。常に、親である自分の接し方が悪かったのではないかと自分を責めたり、子どもをこれ以上傷つけてはいけないと思う一心で、本人が嫌がることを言うのを遠慮して、子どもに対して思うことがすんなり言えない心理状態になりやすいのです。子どもの苦しみを思うとつい可哀想になって、叱るべき言葉を飲み込み、子どもの言うがままにやり過ごしてきた数年間が、今度は子どもの被害者意識を増大させたり、悔しくも孤独な王様を育ててしまうことがあります。

一方、親に君臨する王様になってしまった子どもはというと、家庭の中で一番強くなり、

みんなに恐れられているのですから、もう誰にも頼ったり、甘えることができません。一人ぼっちで淋しくなったり、苦しくつらい気持ちのときも一人で怒ったり、強がっていなければ、王様の位置を保てないからです。

そうなると、子どもはますます被害者意識を募らせて、ことあるごとに、「こうなったのは親のせいだ」と、その言葉を武器に、心弱くなった親を責め立てます。また、「死んでしまいたい」「もう、どうなってもいい」「自分は生きる価値がない」などと、親が一番心配する言葉を選んで言い放ちます。半分は苦しさのあまりの本音でもありますが、半分は親への八つ当たりです。ときには、無理な要求を通そうとして、意識的に親への脅しに使うこともあります。

このような状態になれば、もちろん親の言うことなど聞く耳を持ちません。気に入らなければ、暴力を振るうこともありますし、リストカットなどで自分を傷つけることもあります。

家庭の中で、孤独な王様の横暴ぶりは、親が優しく接すれば接するほどエスカレートしていきます。しかし、家族相手にどんなに暴れても、子どもの心は晴れません。本当は無茶を言って暴れたいのではなくて、親に愛されたいだけなのです。大きくて安心できる胸に抱えられて、傷ついた心を癒してほしいだけなのに、王様となってしまった子どもには、もう甘えられる相手がいません。何かを相談したり、自分を教え導いてくれる存在を、自ら放棄してしまったのです。

第二段階の第9章で述べた母子分離不安がいまだ強く残っていて、暴君ぶりと赤ちゃん返りのような甘え方を交互に示す、複雑なケースもあります。このまま放置しては社会生活に戻れませんから、この第三段階でしっかりと治療しておく必要があります。

この悪循環を断ち切り、健全な親子関係を取り戻すためには、「物事の善悪を教えるべきチャンスを見逃さず、その理由も年齢相応にしっかり教え、いけないときにはしっかり叱れる親になる」ことが必要です。これは、保護者側から先だって改善していくべき事項です。

暴君ぶりと赤ちゃん返り、これら2つの問題は、全く違っているようで、実は問題の根幹はよく似ています。俯瞰的にはどのケースも、学校へ行けなくなってしまった子どもの気持ちを親がなかなか理解できにくいことから、親子が互いに苦しんでいるという状態です。

(2) 人前では本当の自分を出せない子ども達

以上のような問題は、第三段階(翼学園に楽しく通い、友達ともうまく付き合えるようになっている)の頃には、すでにどの生徒も自然に解決しているように見えますが、実は決してそうではありません。生徒は、翼学園の仲間の中では何一つ態度に出さず、学園の

みんながするように普通に振る舞い、本当の自分を知られないように頑張って隠しているのです。家庭では王様や赤ちゃんに戻っても、第三期になった生徒は、翼学園ではしっかりと振る舞って、家庭の中と外とで態度が大きく違う、まさに二重人格のような生活をしています。そういうケースも多く見られます。それは、何より本人にとって非常に疲れることです。

　第三段階に入ったのに、なかなかケアが前進しないとき、翼学園で改めて注意深く見直すのは、学園生活と家庭生活の実態です。

　これらの解決に向かうまでの指導は、主につばさの会や個別相談などで、保護者に向けてのカウンセリングから始めます。保護者の指導力を高めることが何より重要なケアになります。

（3）重要な心のケア

　こじれてしまった親子関係を続けるうちに、親にも子どもの心にも、ざらざらした心の傷が残ります。

　翼学園では、最終的に、子どもが年齢相応に自立すること、また、心から親への感謝や尊敬の気持ちが湧くこと、その上で、困ったときには何でも親に打ち明けて相談できる、温かい関係に戻れたことを確認できるまで、親子双方のケアと指導を徹底して行います。

5　第三段階　生徒の状況に沿った対応法

（1）第三段階初期の頃の生徒の状況

1．明るい気持ちで通学している
2．家族の送迎協力がなくても、週に数回自力で翼学園に通い始めた
3．友達が誘ってくれれば、SSTの時間やスポーツも、友達と一緒に楽しく参加できるようになった
4．家族となら、買い物や外食・映画なども楽しめるようになった
5．たまには家事を手伝い、誉められるのが嬉しいと感じている
6．冠婚葬祭の行事などで親族と会うのはつらい
7．制服姿の同学年に会うと、身体がすくむ
8．スーパーなどで、1人でレジに行く勇気は出ない
9．誰にも、本当の自分を知られたくないと思っている

（2）第三段階初期の頃の家庭の状況〈保護者の様子〉

1．子どもが順調に回復してくるのを感じ、元気が出てくる
2．何年かぶりに、子どもと一緒に外食ができたことが嬉しい
3．子どもに新しい洋服を買うのも、久しぶりで嬉しい
4．子どもが親に優しい気遣いを見せ始めて幸せな気持ち
5．我が子もいつか、学校復帰できるような気がしてきた
6．指導者との信頼関係が深まり、翼学園に入学させて正解だったと思うようになった

6　第三段階のケアと指導

（1）保護者への指導

　第三段階に入る頃には、やっと学園と保護者が互いに安心感を持って信頼し合えるようになります。この信頼関係が、第三段階のケアに移行できる重要なポイントです。

　第三段階には、前述のように、1.生活習慣の改善、2.集団生活が楽しめるようになる、3.親子関係の立て直し、この3大目標があります。第三段階はこの目標に沿って、まずは保護者へのケアと指導から始めます。

　つばさの会では、特に家庭内での生徒の様子を、保護者から毎月詳しく聴き取ります。また翼学園からも、学園内での生徒の様子や集団の中で見られる特徴を、詳しく保護者に伝えます。家庭内と学園とで、本人の言動に驚くほどの大きな違いがあり、本人の中で自己矛盾が起きているとみられる場合には、その箇所を最も重点的に治療していかなければなりません。ほとんどの場合、家庭で見せる行動や言葉が子どもの本音です（例外として、真逆の場合もあります）。

　これらの内容をつばさの会で確認し合い、家庭と学園が互いに事実確認できること、これは大変重要な出発点です。それが確実にできるためには、学園と保護者との信頼関係と教育方針の一致がきちんと保たれている必要があります。

　家庭内と学園内、両方での子どもの様子の事実確認ができたら、次はそれに基づいた個々の問題についての捉え方や解決策を、保護者に対し継続的に指導していきます。

　また保護者からは、翼学園での指導を家庭でどのように実践できているかを、毎月近況報告書と対面のカウンセリングで報告してもらいます。そのような指導を毎月繰り返し行いながら、さらにカウンセラーから具体的な助言を続け、何年かかっても諦めず、問題解決をしていきます。その報告や相談をする会が「つばさの会」です。

　よほど深刻な状況の場合には、別日を設定し、個別カウンセリングを行っていきます。

　保護者から第三段階の子どもに接するときの日常的な留意点や、考え方の方向性とし

て、つばさの会で全体的に話している内容には、次のようなことがあります。

〈子どもへの接し方　12項目〉

1．翼学園への自立通学が定期化した頃も、必ずポジティブな気持ちになれるような声かけを意識すること
2．昼夜逆転を改善するには、目的意識と、教員への信頼感が必要。翼学園へ通いたいという希望と意志を育てることが必ず解決につながる
3．親は子どもに媚びない。逆に威圧的にもならないで、常に養育指導の立場を保つことが必要

親子梨狩り
集団の中の我が子の表情が見られるチャンス

4．「家族」という小さな集団生活での成功は、社会生活の成功へとつながる。子どもへの接し方は、決して特別扱いせず、子どもの年齢相応に扱うこと。特に過保護や過干渉、甘やかしすぎは厳禁
5．家族全員が仲良く、健康で楽しく生活するための家庭内ルールを作り、家族全員でそれぞれの事情や立場を考慮し合い、それぞれの形で守りあうことも良い方法
6．翼学園で必要な準備物や、スケジュール管理を子どもが一人でできるよう家庭で指導するときは、本人の得意・不得意や特性をよく理解すると教えるべきポイントがつかめる
7．家事手伝いと家事分担では目的と効果が全く違う。子どもが元気になったら家事手伝いから徐々に家事分担へと移行していくのが良い
8．翼学園の親子行事に参加し、家庭内とは違う、集団の中での我が子の状態を実際に見ることも大事。我が子をより客観視できるようになる
9．第三段階の現時点では、勉強は翼学園のみで、家庭ではさせない。これは、学校での焦りや苦しさをフラッシュバックさせないためである
10．親は言行を一致して接すること。子どもの心を安定させ、人間への信頼感を育てる
11．今はまだ学校へ通えるまでに回復していない。第三段階では、ケアはまだ半分までできたところ。翼学園に毎日通えるようになっているのは、毎日手厚いケアを継続しているからだということを認識し、絶対に学校復帰を焦らないで、次の四段階のケアへつなげることを目標にする
12．子どもへの接し方や返答の仕方に迷うときは、いつでもカウンセラーに直接問い合わせることができる

第10章　翼学園の五段階理論Ⅱ　五段階別の指導法　〜第三段階の指導法〜

（2）第三段階の生徒へのケアと指導

　第三段階の生徒への指導は、教員やカウンセラーとの心のつながり具合を常に考慮し、徐々に人間関係を深めながら行っていきます。

学園生活で心が明るく変化していく

1．定期的な個別カウンセリングを開始する
2．昼夜逆転やスマホ依存の脱却法など、生活時間を改善していくためのアドバイスを始める
3．胃腸障害や不眠、イライラ、摂食障害など身体のケアのためのアドバイスを始める
4．戸外活動や、翼スペシャルLessonへの出席を導入する
5．学習や生活面で目標を立て、それをクリアする喜びを繰り返し体験させる（教科書は、愛媛県内の学校でその年使用している教科書と教科書準拠の問題集・単元テストなどを使用。ノート1冊分を使い切ったときと、教科書の学習が1冊終了するたびに、全員で拍手して喜び合い、記念写真を撮る。子どもの心に、やり遂げた達成感と大きな喜びがみなぎる）
6．合宿やキャンプ・運動会などの行事に回数多く出席させ、友達と助け合って作業する楽しさや達成感を実感させる
7．運動会やトーチトワリング発表会等、100人を超す観客の前で集団演技を披露し、成功する体験をさせる
8．本人が希望したときには、会議などで司会者や記録係を任せてみる
9．翼学園への通学が週4〜5回（ほぼ欠席のない状態）になり、本人の希望が湧けば、通学定期券を購入する

毎日の教科学習

いつの間にか学習時間が楽しくなっていく

マンツーマン指導だから自分のペースで頑張れる

笑顔が溢れるSSTタイム

翼スペシャルLesson「憲法のよみ方つかい方」
講師：弁護士法人本町国際綜合法律事務所 弁護士
國本 依伸 先生

憲法が生活につながる重要なものだと実感する学び

翼スペシャルLesson「里山再生 自然体験学習」
講師：特定非営利活動法人 由良野の森
代表理事　鷲野 宏 先生

沢登りに挑戦

翼スペシャルLesson「ハッピートークレッスン」
講師：ビジネスマナー講師
高橋 ユミ子 先生

コミュニケーションの取り方を楽しく学ぶ

毎週金曜日はスポーツで体力づくり

キックベースボール

体育館でバスケットボール

ケイドロで全力疾走中

第10章　翼学園の五段階理論Ⅱ　五段階別の指導法　～第三段階の指導法～

7　第三段階ケア中の学校との連携

（1）生徒の在籍校への連絡は毎月欠かさず

「表情がすごく明るくなって、別人のようになってきましたね」

「翼学園に、とても楽しく通っていることがよくわかります」

「勉強も、よく頑張っているんですね」

在籍学校の先生から、このような嬉しいご感想をいただくようになるのが、この第三段階です。

学校へは、変わらず毎月欠かさず月間報告書を届けています。

この第三段階に入ると、ケアが進むたび、生徒の心に大きな変化が表れ始め、第三段階が終了する頃には、まるで人が変わったように明るく、強くなってきます。

その心の変化は、当然顔つきやしぐさにも表れます。在籍学校や教育委員会には、月間報告書や学習ノートや作文のコピーのほかに、生徒の活動中の写真をたくさん載せた「翼学園ほっとニュース」を毎月届けています。

（2）第三段階での大きな変化と状況

１．生徒の出席数と学習内容が増えたことでテストや作文などの添付書類が増え、二段階のときより月間記録がさらに詳しい内容になった

　　第三段階～第五段階の生徒の月間報告の内容

　①本人の状況や指導内容の月間記録　　　　１枚

　②学習ノートとテストのコピー　　　　　　２～３枚

　③作文・感想文　　　　　　　　　　　　　２～３枚

　④指導中の本人の写真　　ほっとニュース　１枚

　⑤通学定期券コピー　　　　　　　　　　　１枚

　⑥誕生祝の寄せ書き色紙コピー、そのほか

2．学校から本人や家庭への直接の接触はなくなり、翼学園を経由して、学校と家庭間の連絡がスムーズに届き、安定している
3．学校と翼学園、学校と家庭との間にも信頼関係が生まれ、常に良好な関係が保てている

（3）第三段階の生徒の月間記録

8　第三段階の生徒　ケア終了の基準

◎確認事項
1．昼夜逆転が改善し、完全な昼型生活が復活。週4～5日、朝から終業まで通学できるようになった
2．制服姿の人がいても、一人でバスや電車で通学することができるようになった
3．ほとんどすべての集団活動に、最初から最後まで参加できるようになった
4．親の助けを借りながら生活習慣を整え、スマホやゲーム時間を調節して、極端に夜更かしすることがなくなった
5．人への好き嫌いや差別意識は良くないことだと認識し、翼学園の誰とでも仲良くできている
6．行事参加で成功体験を重ね、人間関係作りや作業分担の要領も身に付いて自信が戻り、少しずつ自分のことが好きになってきた
7．学習面でも、学校でつまずいていた単元を履修し終え、さらに向上したいと学習意欲が湧いてきた
8．家庭での自分の役割を意識し、自己研鑽のために家事分担を進んでやっている
9．翼学園の近隣や町内の人達にも明るく挨拶ができ、初めての客人にも物怖じしなくなった

　第三段階終了の頃には、生徒達は以上のように大きな変化を遂げています。
　集団生活での指導は、子どもの成長に絶対に不可欠なものですが、それだけでは本物の成長につながらない場合があります。もちろん、家庭内だけで頑張っても、子どもの社会性を育てることはできません。
　家庭内でのしっかりした愛情ある教育と、集団生活の中での教育との両輪があってこそ、子どもは社会でしっかり生きていく力を身に付けていけるのだということを、この第三段階のケアで、私達は改めて生徒達から学ばせてもらっています。

第10章　参考文献

1．厚生労働省　生活習慣病予防のための健康情報サイト e-ヘルスネット＞メラトニン

2．日本大学医学師 内山 真
　　体内時計と睡眠のしくみ「体内時計を調節するホルモン、メラトニン」体内時計.jp

[第 11 章]
翼学園の五段階理論Ⅱ
五段階別の指導法
〜第四段階の指導法〜

第11章
翼学園の五段階理論Ⅱ　五段階別の指導法
～第四段階の指導法～

1　第四段階のケアの概要

　翼学園への通学が日課になり、お弁当を持って朝から毎日通学できるようになると、生徒の意識はより一層高まってきます。

（1）翼学園が休みになるのは嬉しくない
　学園内での生徒の様子は非常に落ち着いて、学習も順調に進み、気分の浮き沈みもなく、入学時とは別人のように明るく、よく笑いよくしゃべるようになって、学園内での友情も深まってきました。家族関係も大変良くなって一家だんらんの時間を心地良く過ごし、翼学園での一日の出来事などを家族にたくさん話すようになります。何より、心の秘密がなくなります。
　また、学園独自の夏・冬休みなどの長い休暇がない生活にも慣れ、それを不満に感じるよりむしろ逆に、祝日などの連休が続くと、「つまらない。早く翼学園に行きたい。みんなに会いたい」と思うようになります。翼学園で過ごす時間が心から楽しくなり、学習やスポーツ、数ある年間行事、友達とのやり取りなど、学園生活のすべてが充実しているからです。
　翼学園は、だいたい暦どおりに開講していますが、たまに何らかの都合で臨時休講になったときは、生徒達はとてもがっかりします。第四段階・第五段階の生徒達にとって、翼学園の休みは、仲良しの友達と会えない、つまらない日なのです。
　そんなふうになれたのは、第三段階までのケアで心の傷がほぼ癒され、心身の健康をすっかり取り戻して、本来の明るい気持ちに戻れたからです。そのような生徒の状況を確認できたら、これまで第一段階から第三段階までの癒しと生活改善のケアを卒業して、次の第四段階の、心のリハビリへと進むケアの始まりです。

（2）自分の弱点と向き合う
　第四段階からのケアは、生徒の心のさらなる成長を促し、弱点克服と新しい自分発見、自信を付けるためのケアです。これまでの自分の生活や行動を一つずつ認識させ、自分の成長のために改善すべき点を発見させるところから始めます。

第三段階までのケアで心身の健康を回復している生徒は、「もっと自分を高めたい。いつかきっと先輩達のように翼学園を卒業して、学校に行けるようになりたい」と、まだ口にこそ出しませんが、そういう前向きな気持ちが充満しています。

（3）カウンセラーや教員への信頼感

　第四段階の生徒達はカウンセリング中たまに、「まだなんとなく、学校に復帰するのは不安です。自分はどこを治していけば、もっと自信が付くでしょうか」と、尋ねてくることがあります。こんなふうに直接的に質問をしてこない生徒もいますが、心の中は皆同じように、今よりさらに前進したくなっているのが第四段階です。

　大人・子どもの誰によらず、自分の弱点を人から指摘されるのは、それが的を射ていればいるほど、かなりつらいものがありますが、それを自らカウンセリングで尋ねてくるときの生徒の目は真剣です。いつか勇気と自信を持って翼学園を卒業し、学校へ復帰できる自分になるために、自分の改善すべき弱点をズバリと言い当てられて指導されても、素直な気持ちでその助言を受け取り、教えてもらったとおりに一生懸命頑張って努力しようと心から思えるほど、強く学校復帰願望が高まっているのです。

　しかし、生徒がカウンセラーや教員達の愛情を心の深いところまで受け入れ、心からの信頼感を持っていなければ、そこまでには至りません。

　翼学園では教員やカウンセラーは、毎日生徒と深く関わっています。目の表情が暗いとき、身体の調子が悪いとき、家庭で何かつらいことがあったとき、翼に行く元気が出なくなったとき……。そのほか、これまでどんな

誰も一人にならないから何をしても楽しい

ときでもずっと生徒に寄り添い、声をかけ、悩みを聴いて相談に乗り、どんなときも生徒や親の強い味方になって、心から支え励まし続けています。翼学園に入学する前の第一段階当時からずっと変わらぬ姿勢です。

　心の面ばかりでなく、学習やスポーツでも、苦しみやトラウマを解消できるまで、温かく包むように指導してきました。苦手な作文を投げ出したくなったとき、学校時代にどうしてもわからなかった算数や数学の単元が苦しくて勉強が嫌になってしまったとき……。いつも、苦しい本音を本人が吐き出して楽になれるようカウンセリングしたり、学習もスポーツもマンツーマン指導で、生徒が理解でき確かな実力が付くばかりでなく、どうすれば好きになれるか、というところまで丁寧なケアや指導を続けています。本人にしてみれば大の苦手だったバスケットボールやバレーボールが得意になったり、またグローブの使

第11章　翼学園の五段階理論Ⅱ　五段階別の指導法　〜第四段階の指導法〜

初めての競技もボールの触り方から教わって
ミニゲームも楽しめるように

競技は生徒会議で話し合って決めます（フットサル）

い方さえわからなかったのにキャッチボールの面白さや楽しさまで感じるようになったことなど、不思議の連続でした。

　この翼学園に入学してから、これまでの人生の中で、ありえないと思っていた変化が自分の中にいくつも起きてきたのです。生きているのが楽しくてたまらなくなるほどに。

　それらは決して偶然そうなったわけでも時間が経ったからでもありません。これこそが目的を持った専門的ケアの成功と言えます。

（4）第四段階での頻繁なカウンセリング

　この第四段階で、カウンセラーは一人ずつの生徒に丁寧なカウンセリングを繰り返します。これからの第四段階で、生徒は自分のさまざまな弱点と向き合い、自分との闘いを始めるわけです。

　自ら希望したとはいえ、一度にたくさん弱点を指摘されると心が折れますから、本当に一つずつ取り掛かる必要があります。個々の弱点の中でも、わりあい簡単に治していけそうなことから始めます。どの場合も、まず生徒自身に自分の弱点になっている部分を一つだけ認識させ、次にその克服法の具体的なアドバイスを行います。

　弱点を克服するための具体的な方法が理解できたら生徒は懸命に頑張りますから、いつかその努力が実りほぼ完全に克服成功するまで、生徒の心に寄り添って応援します。温かい応援を受けると生徒は一層の勇気と元気を得て、「いつか学校に行けるようになりたい」という願いをますます心に強くし、真剣に頑張ります。

　そうやって弱点が一つ克服できたら、また次の弱点の認識・克服へと次々につなげていきます。気長に続けていく作業です。

日常生活から進路までどんなことでも安心して
相談できます

179

2　「個性」この素晴らしきもの

（1）時代とともに常識は変様する

　人は誰しも完璧ではありません。誰にでも弱点はあると思います。第四段階の生徒に、弱点克服を指導する教員やカウンセラー自身にも弱点はあります。

　翼学園の職員達は全員、「人それぞれの何らかの得意・不得意も、容姿も身体機能も、好みや癖も性別までも、皆違うそのすべてが個性であり、ありのままの自分で生きていけることが最も素晴らしく幸せなことだ」と、共通認識しています。

　実際のところ翼学園は、あらゆる個性の集まりです。しかも生徒の多くが現在の学校生活がつらくなるほどの強い個性の持ち主です。かつてはその個性を自分でも受け入れられず、ずっと一人で悩み続けてきました。あるいは、それと気が付かず、得体のしれない理不尽な思いに苦しめられてきました。

　長い間地球で生き延びてきた人間の歴史の中で、人の常識や社会生活上でのルールや正義は、時代が進むにつれてさまざまに変わってきました。その時代に生きる人々が生きていきやすいように変えてきたのです。

ケイドロでも真剣勝負。日光がまぶしい生徒はサングラスを着用しています

　本テキスト第2章で、明治時代から近代に至るまでの教育界の歴史をざっと振り返ってみただけでも、時代や情勢が変わり大人達の暮らしが変わるたび、子どもへの評価や考え方・扱いも、大きく変わってきました。

　近年で言えば、2つの大きな戦争を機に、正義や理念、人として最も大切にすべきものさえ、その時々で全く違うものに塗り替えられてきました。墨で真っ黒に塗りつぶされた教科書で、これまでと正反対のことを子ども達に教えた時代もあったほどです。

　たとえ今、「常識」と限定される事柄や「真実」とされるものであっても、人の価値観や生き方も、この先さらに時代が進み、医学や科学・心理学、そのほかさまざまな研究が進んでいくにつれ、徐々にその幅や奥行きが広がり、または真逆に変化していく時代も来ると思います。

　そのような時代が到来したとき、今の社会生活では活用しにくいさまざまな個性達がなんなく実力を発揮し、社会に大きく貢献できるその日はもう近づいているのではないかと想像しています。

　翼学園に集まった、そういう個性達は素晴らしいものです。どの子も自分の個性のため

第11章　翼学園の五段階理論Ⅱ　五段階別の指導法　～第四段階の指導法～

に現社会で押しつぶされることなく、大切に守り育て、希望を抱いて一般社会（ひとまずは学校）へ戻れるようにしてあげたいと願っています。

　個性の内容に関わらず、生徒達にとって、「学校生活」の体験と学びは非常に大切です。翼学園の職員や保護者は、未来の学校社会が時代の変化とともにさらに生徒に寄り添い、充実する日を待っています。生徒のどのような個性に対しても多様に受け入れのできる専門性を十分に確保し、さらに教員数倍増の人員拡大で、必要に応じてマンツーマン指導も無理なく可能となるように、ゆとりのある学校経営に進化するよう、心から願っています。

（2）大事な個性をつぶさないで

　さて、現実に立ち戻ると、今はまだ、強い個性をどうすればよいのかと困っている生徒達です。現実の社会ではまだ、彼らが今の彼らのままで楽しく通えそうな学校や職場はなかなか見つかりません。このままでは学校や職場に復帰したとき、生徒達は再び、昔と似たような場面で同じつまずきを繰り返し、その場面でどう対処すべきなのか、その方法さえもわからずに、再び自信を失い、すぐに社会生活ができなくなってしまうでしょう。

　第四段階に入ったばかりの彼らは、傷ついた心が癒されて元気になっただけで、まだ現在の一般社会ではどうやって自分を出せば良いのかわからないのです。たとえ、他者から求められている行動はこれだと理屈でわかったとしても、まだ、求められる行動ができないところで止まっているのが彼らの現状です。

　翼学園で言う「弱点の克服」は、決して没個性に向かう強制的なケアではありません。あくまでも生徒達のそれぞれの個性を大切にしながら、彼らがこれから戻っていくだろう学校や社会の現実の中で、出すぎて人から敬遠されたり、逆に気後れを感じて引っ込み思案になってしまうことな

キックベースでホームインした後に手を取り合う生徒達

わからない問題があれば、すぐ先生に聞きに行きます

何でもない休憩時間も仲間と一緒なら楽しい

181

く、周囲とうまくコミュニケーションをとってより快適な人間関係を築き、幸福に生きていくために必要なスキルを身に付けていくための大切な心のケアと教育です。

3　隼人さん（仮名）16歳の弱点克服

　矢野隼人さん、第四段階に入った当時は16歳。彼の第四段階のケアと指導を振り返り、弱点克服までの事例をご紹介します。

（1）1年生　頑張りすぎたらだめなんだ

　1月生まれの隼人さんは、小学校1年生（6歳）の7月から学校に行けなくなってしまいました。担任の先生（年配女性）とうまくいかなくなってしまったのが原因です。

　隼人さんは、学校の先生のことを、とても偉い人と思っていました。3月まで通っていた幼稚園では、いろいろなことによく気が付いて、先生を手伝うたびに、いつもありがとうと褒められていた経験から、小学校でも、何とか先生に認められたいと願っていました。気になることがどうしても黙っていられない性質も加算して、彼は毎日授業中に、先生にいろいろなことを報告していました。たとえば、こんな感じです。

　「先生、黒板の、あの字が間違っています」「先生、その計算の答えは、○○です」（先生は板書したばかりで、これから誰かを指名して解答させる予定だった）「先生、その話は前にも聞きました」「先生、もう終わりのチャイムが鳴りました」

　万事、こんな調子です。

　また、ある全校終礼で校長先生が全校児童に話をされている最中のことでした。身体が小さくいつも最前列の隼人さんは、立ち並ぶ全校生徒に対面して一列に並んでいる先生の列の中に、名札が裏返しになっている若い女性の先生を見つけました。しかも、隼人さんの真ん前です。彼は校長先生の話より、どうしても目の前の先生の名札が気になって仕方がありません。

　たまたま隼人さんを迎えに行っていたお母さんは、突然彼が一人てくてくと前に進み出て、その先生の名札を直しに行き、頑張って良いことをした後のように照れた笑顔で自分の列に戻るのを目撃したことがあります。これが幼稚園での出来事なら、もしかしたら彼は、叱られるどころか、「ありがとう」と先生からにっこりとお礼を言われていたのかもしれません。

　そういえば幼稚園時代にも、こんなことがありました。走るのが得意だった隼人さんは、運動会のかけっこをとても楽しみにしていました。運動会が近づき、毎日の練習では絶好調でした。運動会当日、いつもの練習なら、先生の笛の合図でスタートを切っていたのに、

第11章　翼学園の五段階理論Ⅱ　五段階別の指導法　〜第四段階の指導法〜

　本番の合図はピストルに変わっていました。最前列の隼人さんは、初めて聞いたピストルの大きな音に驚いて固まってしまい、みんなと一斉にスタートができませんでした。だいぶ遅れてなんとかよろよろとスタートしたものの、みんなはもう、ゴールへ向かって猛突進しています。隼人さんはショックのあまり、そこでばったり倒れてしまい、動かなくなりました。先生に抱きかかえられて席まで連れ戻されましたが、身体はぴんと固く硬直したままでした。ショックのあまり、場面緘黙の身体硬直が起きたのです。
　小学1年生になった隼人さんは、ほかにも担任の先生をいらつかせるような場面が日常的に何度もあったのだと思います。どの場面でも隼人さんの方には、少しも悪意はありませんでしたが、周囲の人達はそのたび、迷惑したり嫌な思いをしたりしました。
　6月上旬、隼人さんのお母さんは担任の先生から、非常に手厳しく、感情的なお手紙を受け取りました。手紙には「もう我慢の限界」ということが書き連ねてありました。お母さんは、その手紙のことはあえて彼には話さなかったのですが、それ以来、隼人さんは次第に元気がなくなっていき、学校に行けなくなりました。
　隼人さんはそのまま年が明けるまで学校を休みましたが、お母さんや家族の励ましで、3学期に入ってから再び学校に復帰しました。

（2）自分の気持ちをうまく伝えられない悲しみ

　2年生になった隼人さんは、優しいお父さんのような担任の先生が大好きになり、1日も休まず、楽しそうに学校へ行きました。3年生の担任は少し厳しい若い女性の先生、4年生では若い男の先生に担任が変わりました。隼人さんは、けん玉が上手でみんなに教えてくれる担任の先生をとても尊敬している様子でした。
　そんなふうに、4年生の2学期あたりまではなんとか学校に通っていました。親しい友達も何人かでき、よく家に遊びに来ていました。お母さんとしては、学校でも楽しくやれていると思っていました。
　そんなある日、悲しいことが起きてしまいました。その頃一番仲の良かった友達の家で遊んでいた時、友達が塾通いが嫌なことをこっそり打ち明けてくれました。それを聞いた隼人さんは、友達は嫌なことを無理にさせられていると、聞いた言葉どおりに思い込み、とてもかわいそうに思えてきました。彼の気持ちを一生懸命思いやったつもりで、「そんな塾なんか、やめちまえよ！」と大きな声で言ってしまいました。隣の部屋にいた友達のお母さんはそれを聞きつけ、「そんなことを言うのは友達じゃない。友達なら、励ましてあげるべき」と激しく怒り、厳しい声で叱られた隼人さんは、うなだれて自宅へ帰りました。
　悲しいことにそれ以降、隼人さんは登校班やクラスの中で、大好きだったその友達から避けられるようになってしまいました。いつしかそれはいじめにまで発展し、いじめは

あっという間にクラス中に広がりました。昨日まで大の仲良しだった友達が、口もきいてくれないばかりか、ほかの友達と複数で自分をいじめてくるようになってしまったのです。あっという間に一人ぼっちになってしまった彼は、再び学校に行けなくなりました。

　お母さんが担任の先生に相談に行っても、いじめは解決しませんでした。逆に、お母さんはそこで初めて、担任の先生が日常的に隼人さんへの対応を、非常に持て余していることを知る結果となりました。状況は1年生の時とさほど変わっていなかったのだとわかったお母さんは、3年前と同じような衝撃を受けて帰宅しました。

　以来、隼人さんは次第に家の中に引きこもるようになり、ついに小学校・中学校に戻ることはありませんでした。

（3）隼人さんの特性

　隼人さんのお母さんから初めて相談を受けたのは、小学1年（6歳）の時です。初面談時のセオリーどおり、幼児期からの絵画や学習ノート、日記や作文、通知表などを毎年確認していました。いつか学校に行けなくなる日がくるだろうとの予想はしていましたが、彼の個性に合う小学校は見つからないまま、見守る形で支えていました。

　彼にはさまざまな面で強い個性が見られていたので、その検証結果を裏付けさらに説明しやすくするために、再び学校に行けなくなった4年生の時、病院でも詳しい心理検査（WISC 4）を受けることを勧めました。WISC 4で出た結果は、やはり小学校低学年でみられていたような彼の特性をそのまま数字化したように、十分納得できるものでした。

　まず手始めに彼の持つ特性を全部書き出し、次はそれらを、[1.言語　2.視覚　3.身体　4.感覚・感情　5.生活] の5つの項目に分類していきます。すると次のようになりました。

|隼人さんの特性を分析|

1．言語
　①自己中心的な言動が多いことで、人から嫌われやすい
　②言われた言葉のとおりに受けとめる
　③極端な表現をしたり、はっきりと言いすぎて人を傷つけてしまう
　④何か一つを否定されると、自分を全否定されたと思う
　⑤一度に2つ以上のことを言われると混乱する

2．視覚
　①耳で聞いたことは理解しにくく、紙面（文字やイラスト）で読むと理解できる
　②方向感覚が弱く、道に迷いやすい
　③後ろから声をかけられると、とてもびっくりする

④目に見えていないものの存在は忘れている（意識しにくい）
3．身体
　①身体が疲れやすい。医薬品に弱い。アレルギーがある
　②突然耳に入る音がとても苦手。音や光、匂いにとても敏感
　③走るのは得意だが、球技全般や縄跳び、ブランコが苦手
　④皮膚感覚が非常に敏感（歯磨き、洗髪を痛く感じる）
　⑤頭痛や便秘、睡眠障害が起きやすい
4．感覚・感情
　①良いことよりも悪いこと、悲しさや怒りの記憶が強く残る
　②言葉に出さない部分の人の気持ちがわからない
　③過集中になり、疲れに気が付かないことも多い
　④自分の感覚は正しく、相手が間違っていると感じる
　⑤小さなことでも怒りが湧きやすく自分では抑制がきかない
　⑥完璧主義で失敗を異様に恐れ、ネガティブになりやすい
　⑦人を上か下かで評価し、同等という観念が薄い
　⑧酷い夢を見る
5．生活
　①初めてのことや急な決定や変更、環境の変化も苦手
　②忘れ物や失くし物が多い。時間割を見ても準備物が判断できない
　③持ち物の扱いが雑、物がよく壊れる
　④時間の感覚が乏しく、約束の時間に間に合わないことが多い
　⑤規則や時間にこだわりが強く、例外や他人の間違いは許せない
　⑥同世代の子ども達とうまく遊べず、孤立してしまう
　⑦会話が一方的。独り言も多い
　⑧自分の気持ちを順序立ててうまく伝えることが苦手
　⑨興奮や怒りをコントロールできず、ケンカになりやすい

（4）コントロール可能な特性もあること

　小学4年生の時、彼自身の資料やWISC4で顕著になったことは、生まれた時から携えている彼の特性と、その時点での心と知能の成長度です。隼人さんはその後の社会生活を全く経験していませんから、16歳時点で改めて調べ直したときも、6年前と比べてそれほど大きな変化は起きていませんでした。
　上記の内容は、隼人さんが社会生活を送る上で困るだろうと思われる特性を重点的に取り上げてみました。中には工夫をしたり、自分でコントロールできるようになりそうなも

のもあります。その点が整理できれば、その工夫の仕方やコントロール可能な特性を見つけ出し、自己コントロールの方法を教え、彼の社会生活がスムーズになるまで練習させるケアと指導を始めることができます。

（5）まず特性の分類から

彼の持っているいくつもの特性の中から、現在の社会集団生活を送る上で困難となりそうなものを、「彼の弱点」と考えて、それらを大きく次の3つに分類しました。

（A）工夫すれば解決できること
（B）自分でコントロールして解決できるようになること
（C）周囲の理解と協力が必要なこと

分類の結果を見ると、言語分野の「⑤一度に2つ以上のことを言われると混乱する」、視覚分野での「①耳で聞いたことは理解しにくく、紙面で読むと理解できる」「③後ろから声をかけられると、とてもびっくりする」など、わずか3項目が「（C）周囲の理解と協力が必要なこと」に該当しました。（C）に相当する事柄は、自分一人で克服するのは難しいので、一人で我慢をせず、自分から周囲に協力を頼むよう指導しました。

事前に相手に話をしておいたり、その場で協力を頼んだり、自分の困っていることを相手にきちんと伝えることができると、自分自身も気持ちが落ち着くし、周囲も彼を理解することができ、協力を得やすくなります。

隼人さんの特性のうち、多くが（A）と（B）に分類されるものでした。つまり彼の持っている特性は、ちょっとした工夫や自己コントロールで何とか解決していけそうなものがほとんどです。これがわかったとき、隼人さんの頑張る気持ちも倍増しました。希望も膨らんできます。

（6）相手の気持ちを考えていく認知行動療法

翼学園では弱点克服の解決法として、まず自己の特性を受容していくケアから始めます。その指導としては主に、「相手の気持ちを考えていく認知行動療法」を取り入れています。

認知行動療法のカウンセリングで自分の思考や行動の弱点の最初の一つを理解し、それを受容すること。さらにその問題解決の着地点に到達するまでには、数回の面談を必要とします。これを丁寧に繰り返して、その一つひとつを解決していきます。

しかも、カウンセリングが着地点に到達し、完結したらそれで自己変革ができたとは言いきれません。重要なのはその次です。頭の中では理解できたつもりでも、また次に、同じことを繰り返してしまうのが人間です。それではいつまでたっても堂々巡りです。

翼学園には、学園生という友達集団がいます。第四段階の生徒達は、認知行動療法で問題解決の方法を学びながら、同時進行で実際に集団の中でそれを実践し、解決していく練習を繰り返し行うことができます。理論だけでは身に付けることが困難な自己変革を同年代の集団の中で繰り返し練習し、さまざまな場面でも臨機応変に自然な自分の考え方や行動として身に付くまで、毎日の積み重ねで自分のものにしていくのです。

　生徒達はさまざまな性質の友達が混在する集団生活の営みの中で、自分の弱点を克服する努力を続けることで人間関係も深まるという喜びを知り、やがては自己解決力を身に付けていきます。隼人さんの場合も、彼自身が一番受け入れやすいことから一つずつ丁寧に治療していきました。

　認知行動療法はカウンセリングを重ねて進めていくものです。また、実際の集団生活の中での練習は何度も失敗を繰り返しますから、そのたびに個別でのアドバイスや励ましの時間が必要です。当然、生徒一人当たりのカウンセリング回数が一番多くなるのは、この第四段階の生徒達になります。

（７）弱点克服のカウンセリングは一つずつ

> 隼人さんの悩み＝自分は人から嫌われやすい

　隼人さんには、「小さな時からなぜか友達から嫌われやすい」という悩みがありました。自分は好意を持っているのに、仲良くなっていくと必ずいつかは嫌われる、という悲しい感覚です。その感覚が現在もずっと続いています。

１．隼人さんの気持ちを受容する
　この隼人さんの気持ちをまとめて順に書いていくと、次のようになりました。
　　ａ．誰も自分の気持ちをわかってくれなくて悲しい（本音）
　　ｂ．自分はずっと好意的に接しているのに、なぜいつもこうなるの？（疑問）
　　ｃ．友達を作っても、どうせいつかは離れていくだろう（悲観）
　　ｄ．もう誰にもわかってもらえなくてもいい。友達なんかいらない（怒り）
　　ｅ．一人ぼっちで淋しい（本音）

２．気持ちのありかを整理する手助け
　カウンセリングの最初、開口一番に「友達はいらない」と主張する隼人さんでしたが、本心はどうなのでしょう。
　じっくりとカウンセリングを進める中で、彼の本音は、「ａ．誰も自分の気持ちをわかってくれなくて悲しい」「ｅ．一人ぼっちで淋しい」というところにあることが、はっきりしてきました。彼はこれまでの体験から、人から嫌われることに強い不安を抱いているの

でしょう。悲しい彼の気持ちを受けとめながら、彼が素直に自分の気持ち全体を見つめることができるように、さらに日数をかけて認知行動療法のカウンセリングを続けました。

そんな中、学園内では毎日の集団生活が普通に流れていきます。中には隼人さんに毎日優しく接してくれる学園生もたくさんいます。

数回のカウンセリングで隼人さんは、本当の自分は淋しがり屋で、心を許せる友達が欲しいと強く願っていることに気が付きました。

3．具体的な問題解決に向かう

それではここからは具体的な問題解決に向けてのカウンセリングです。

学園内で見る隼人さんの言動は、たしかに周囲の友達を驚かせたり、嫌な気分にさせたりすることがよくあります。そのエピソードの中から一つを取り上げ、その場での彼の言葉や行動と、それを受けた友達の反応などを彼と一緒に思い出しながら丁寧に並べ、それが起きた原因やそれらの関連性を分析していきます。

認知行動療法では、この作業を、彼がカウンセラーと一緒に行うことに大きな意味があります。

4．エピソードの一つから

まずSST（ソーシャルスキルトレーニング）の時間に起きたエピソードを一つ、カウンセラーと２人で詳しく思い出しました。次にそこから時間を逆に回していき、そのエピソードの瞬間から時間を逆にたどりながら、その日の朝の起床時までの経過をすべてゆっくり思い出してもらいます。

その日の出来事がすべて思い出せたら、今度はそれらを時系列に並び替えると、その日の隼人さんの行動や思考パターンの全体が読み取れていきます。

5．SSTの時間に起きたエピソード

その日、隼人さんはいつになく朝寝坊をしてしまいました。早く翼学園に行く支度をしなければと焦って、いつもの倍の速さで洗面を済ませ、大急ぎで食卓につくと、その日の朝食はお味噌汁と焼き魚でした。「今日に限って魚なんて！　もう時間がないから食べられない」そう思ったとたん、ちょっとイラッとしてしまい、お母さんに八つ当たりをしながら何も食べずに家を飛び出しました。それでも翼学園への到着予定時間は刻々と迫っていて、隼人さんは心の中で早く、早く、と焦りながら全速力で自転車のペダルを踏み続けました。急いだお陰で何とか遅刻せずに済みました。そのまま朝の勉強時間が始まり、やがてSSTの時間になると、しばらく忘れていたお腹の虫が少しずつ騒ぎ出しました。隼人さんは少し空腹を満たしてくれそうなココアを飲んだりして、お弁当の時間が早く来い

と、心の中で待っていました。

その日午前中のSSTは、先生が新しく購入してくれた誰もやったことのない新種の卓上ゲームを選びました。ほかのテーブルでは、もう楽しそうにドイツゲームが始まっています。

その日は朝からずっと早く、早くという感覚が続いていた隼人さんは、この瞬間も早くゲームの説明書を読んで、早くゲームを開始しようとの考えでいっぱいになりました。隼人さんは、ほかの友達が読み始め

ていた説明書を強引に受け取ると、一人で説明書を読み、自分でゲームのカードを並べながら、いつもの早口でゲームの進め方をみんなに説明しました。

彼の説明では半数以上の友達が理解できず、みんなが沈黙してしまいました。ますますゲーム開始までの時間は掛かる一方です。混乱しているみんなに、隼人さんのイライラは高まりました。そして、吐き出すように一言、口に出してしまったのです。「こんなゲームの説明くらい、一度聞いてわからないのがおかしい！」すかさず、同席していた教員が補足説明をして、なんとか全員で新種のゲームを楽しむことができたのですが、隼人さんのその言葉は、どうなのでしょうか。翼学園の中では問題にもならず、その場にいた仲間は聞こえないふりをしてやり過ごしてくれましたが、みんなの心の中はどうだったのでしょうか。

6．エピソードをいくつもつなげていく作業

そのエピソードを手始めに、これまで実際に起きたことを、いくつもいくつもカウンセラーと話し合い、確かめ合いながら、事実確認を行っていきました。その作業は、まずそのときの隼人さんのとった行動や気持ちを振り返って整理した後に、必ず最後に周りの友達の気持ちを考える、というおまけ付きの作業でした。

7．隼人さんが気付いたこと

何日間か掛けて何個目かのエピソードへと進めてきたある日、隼人さんはいきなり、「恥ずかしい」と、自分の顔を覆いました。「僕って、こんな嫌な奴だったんですね。みんなに嫌われて当然です」。顔を上げた彼はやっと、自分の言葉や行動が、友達を傷つけたり、嫌な思いをさせていたことに気が付きました。

さらに彼は言葉を続けます。「この思い出し作業を先生と一緒にやってみて、僕はどうも、朝何か良くないことがあると、とても嫌な気持ちになって、一日中ずっとそれを引き

ずってしまう気がしました」。この言葉に対して、「それは、とても良いことに気が付いたね」と、カウンセラーは返しました。「これとよく似た失敗が時々起きてしまうと、確かに、嫌な奴だと思われたり、嫌われたりしてしまうかもしれないね」

「これまで、僕じゃなくて、人の方が意地悪なんだと思っていました。治さないといけないのは僕だったんですね。でも、こんな僕でも、治せるんでしょうか」

隼人さんの口から、この言葉が出るのをカウンセラーは待ち続けていました。

（8）隼人さんの弱点克服
　自分の言動を客観的に受容することができた隼人さんには、その日から、1つ目の弱点を治していくカウンセリングに移行していきました。

〈この弱点克服のために必要な6項目〉
1．自分の弱点をよく理解しておくこと
　　隼人さんの場合は、[焦る → 急ぐ → パニックが起きる → 怒りが湧く] という順番で怒りが起きてしまうことをよく認識し、自分が焦ったり急いだりしていることに気付いたら、なるべく早く落ち着きを取り戻すこと
2．イライラしているときこそ、冷静になる努力をする。心を落ち着けるためには、しばし一人になるために自分の部屋に行くのが最も良い。自宅以外にいる場合は、トイレや小さな空き部屋を利用する。何もなければ、壁の方を向くだけでも良い
3．感情の暴走を自分で意識して止めて（手動の努力）、相手の気持ちを考えてみる（目的意識的に）。自分の言葉や行動で、相手はどんな気持ちになっているかを想像する
4．頑張ったけれど、失敗して感情が暴走してしまったときには、気が付いた時点で途中からでもすぐにやめ、謝る
5．どうしても自分の意見を伝えたいときは、高飛車な態度や断定的な言い方を避け、相手の気持ちを考えながらゆっくり話す
6．この弱点克服の考え方によって、過去の悲しかったエピソードのいくつかを自己完結（解釈と理解）していけるのではないか？

　隼人さんは、この6項目を素直な心で受け入れ、翼学園の毎日の集団生活に臨みました。失敗しかけて、あわてて自分で口を押さえることもありましたが、次第に全員とスムーズな付き合い方ができるようになり、同級生からはもちろんのこと下級生や新入生からも慕われる、思いやりのある優しい隼人兄さんに成長しました。1つ目の弱点克服です。

　隼人さんの弱点克服は、これでやっと1つだけ。まだ始まったばかりですが、彼はこの後も、積極的に自分の弱点の数々を一生懸命見つめ、さらけだし、自分との闘いを続けま

した。もちろん、最後の一つまでずっと、カウンセラーや全教員が彼を力強く導きます。職員全員が彼の成長のために心を一つに応援しています。

　弱点克服が一つ成功するたびに、隼人さんの瞳がさらに輝きを増していきます。そのたび朝の職員会での周知報告で、全職員から喜びの拍手が湧きました。

4　念押しの弱点克服

　弱点克服のもう一つの着眼点は、家庭生活時間や生活内容の見直しと自立です。翼学園に毎日通って頑張っている生徒でも、家庭に帰れば完全に力を抜いてしまい、暇さえあればゲーム中心の生活をし、家事分担の内容も幼く自己評価も甘く、起床・就寝の時間が安定せず、入浴や食事の時間さえ家族とは別の時間に自由気ままにやっている生徒がたまにいます。第三段階のケアを終了し、家庭生活の立て直しも既にクリアしているはずなのに次第に元の生活に逆戻りして、家庭内では第三段階以前の生活がそのまま許されている状態です。

　第四段階の指導に入ると、家庭内でそのような後戻りがあると、学園で観察していてもその姿は必ず浮き彫りになって見えてきます。そのような場合は第三段階のケアの修復や補強も兼ねて、生活習慣を含めた家庭生活全般をもう一度よく見直し、後戻りしない生活習慣の完全な自立を自分のものにしていく指導を、ある程度厳しく行います。生活の幼さは心の幼さです。翼学園に無事に通っているからという安心感に浸らず、生徒が精神的にもきちんと自立・成長しているかどうかの見極めも大切です。精神的な幼さが生活全般に現れていることを本人にも保護者にもそれぞれ自覚を促し、指導します。

5　家の内と外でのギャップをなくす

　また、家庭の中では大きな声で話し、自由気ままに振る舞っているのに、一歩外へ出ると借りてきた小動物のように動かず、黙り込んでしまう子どももいます。家庭内と外でのギャップをなるべく小さくしていくことも、第四段階での指導の一つです。

　家庭内でも外と同じく、ほとんどしゃべらない子どもや、何らかの強い特性の場合は別として、性格的に内弁慶で家庭の内外でのギャップがあるだけ、という場合なら愛情と時間をかけ

てケアすることでほとんどが改善されます。本人の不安や習慣によるものが多いからです。

集団の場にいても全く緊張しないという人もいますが、そうでない人も多いと思います。理想的には、さほど意識しない程度の軽い緊張感程度であるのが一番楽です。家庭の内と外での緊張度の差が小さくなることは、社会生活への不安や失敗が減っていくことにつながります。

6　リーダー体験でさらに自信を付けて

第四段階では、以上のようなケア完了のねらいを持ち、実にさまざまな集団行事を体験させます。

これまで数多くの体験を積んできた集団行事には、第四段階ではリーダーとしての役割で参加させ、まだ慣れなくて戸惑っている友達を助けたり、仲間全員一丸となってイベントを成功させる喜びを、何度も体験させます。そんな感動や喜びを繰り返しつつ翼学園の日々を重ねるうち、第四段階の生徒達は、「自分が一番になる」ことよりも、もっと大切なものがあることに、じわじわと気が付き始めます。すなわち、翼学園でのリーダーの役割は、決して生徒の中の優秀な代表者ではなく、心の成長のための練習であり、ケアの一環としての体験なのです。

特に、運動会のリーダーとサブリーダー（各2名）を選ぶときは、生徒達全体にこのように話します。

「みんなより優秀だからこの4人が選ばれたのではないよ。リーダーに選ばれた人は、一度リーダーになってみて、その難しさや大変さを体験し、特に新入生やみんなの気持ちが考えられる人になれるよう練習して、成長してほしい。サブリーダーは、リーダーひとりでは廻らない部分を手助けし、常に2人が両輪になってチームのみんなの役に立てるよう頑張ってほしい。リーダーでもサブでもないみんなは、リーダーやサブの2人をさらに助けて、特に新入生がぽつんと一人ぼっちにならないよう、足りない所を補い合って誰もが楽しめる、翼らしい素敵な運動会をみんなの手で作り上げてほしいんだよ」

長い間ずっと孤独だった心が、いつの間にか信頼し合える仲間を得て、一人でやるよりもみんなで成功させたいというふうに、明らかに変化している自分に気が付くのも第四段階終盤の頃です。その頃には自分自身への否定感はなくなり、代わりに自分の将来への夢が少しずつ現実味を持って湧き始めます。カウンセラーとの人間関係もいっそう深まり、自分にとっては恥ずかしい話も全部話し尽くして、「何でも話せる間柄」になってきました。

第11章 翼学園の五段階理論Ⅱ　五段階別の指導法　～第四段階の指導法～

　そんな毎日の中で、自分自身を心から大切に思い、身近な将来への夢が湧き、学校へ復帰したい気持ちがいよいよ高まってきたら、第四段階のケアの終了です。

TSUBASA運動会

チームリーダーによる選手宣誓（リーダー会議で考案・作成）

　私達翼学園生並びに第12回TSUBASA運動会参加者一同は、全員が一人残らず笑えて楽しめる運動会をつくります。

　翼学園では誰一人淋しい思いはさせず、困ったときは助け合い、つらいときは支え合います。でも、競技のときにはそれぞれが真剣に、全力で頑張ります！

　自分がやろうと思ったら何でも挑戦できるし、失敗しても仲間が助けてくれるから大丈夫！　だから自分を偽らず、ありのままの自分で参加することがTSUBASA運動会を楽しむ秘訣です。

　TSUBASA運動会は、勝負に勝つことが楽しいんじゃない。みんなで考えて、つくっていくから楽しいんだ！　自分にできることを全力でやりましょう！　それが必ずみんなの笑顔に変わるから、自分も笑顔になれます！

　一人ひとりが、勝ち負けにこだわらず、全力を出し合い、助け合いながら成長できる、そんな新しい楽しさに出会える運動会にすることを誓います。

参加者みんなで力を合わせる綱引き！

勝っても負けても笑顔になれるTSUBASA運動会

チームみんなで肩を組んでスマイル　　　　チーム対抗リレー　用意スタート！

総勢100名超えで「誰もが楽しめる」TSUBASA運動会を開催

193

7　第四段階　生徒の状況に沿った対応法

（1）第四段階初期の頃の生徒の状況
1．お弁当を持って朝から翼学園に通っている
2．通学手段を公共交通機関から自転車やバイクに変更しようかと思っている
3．カウンセリングの日に相談したいことが次々湧いてくる
4．たわいもない冗談で人を笑わせるのが楽しい
5．学習がぐんぐん進んで、気分がいい
6．家ではたまに、お母さんと料理をすることがある
7．家族と話すのが楽しくなった
8．複数の家事分担を引き受けて責任を持って毎日やっている

（2）第四段階初期の頃の家庭の状況〈保護者の様子〉
1．以前にも増して、子どもが明るくなり、嬉しい
2．子どもが急激に変化していくことに大きな驚き！　ついていけないくらいだ
3．昔（学校に行けなくなる前）の子どもに戻ったようだ
4．家庭全体が明るさを取り戻した
5．保護者の体調も良くなって、仕事も順調に行き始めた
6．保護者の表情も晴れやかになっている

毎日の教科学習

落ち着いて熱心に取り組んでいます

教科学習がぐんぐん進んで気分がいい！

手作りのお弁当

まずは卵焼きから練習を始めて、毎日自分で作っています

うまく詰めるにはコツがいります

8　第四段階のケアと指導

（1）保護者への指導

　第四段階に入った生徒は、深い心の傷を治療するケアが第三段階でほぼ終了し、元気だった頃と同じか、それ以上に見える明るさや快活さを取り戻しています。

　毎月のつばさの会（保護者の相談・学習会）では、保護者の表情もぐんと明るくなり、初めて会った頃の悲壮感に満ちた頃とは別人のように元気な表情で出席しています。まだ第一段階や第二段階のケア中で苦しい保護者の方達に、優しい励ましやアドバイスの言葉をかけたりできる、頼もしい先輩になっています。

　翼学園では第四段階の保護者に、これから始める「第四段階の生徒へのケア」の目的と内容を具体的に話します。

　まず、現時点で生徒が抱えている問題点や実情を詳しく話し、翼学園と保護者間で、問題解決の必要性について認識を一致させていきます。まずこれが何より先です。

　次に、今月取り組もうとしている指導の内容や方法、それについて家庭で協力してほしいこと、協力の方法も具体的に話します。毎月のつばさの会で、保護者の方々にはどなたにも、向こう1か月間の課題の提案をしていますが、第四段階の保護者へは、弱点克服のための家庭内での指導法を繰り返しアドバイスしていきます。それを家庭でどのように実践できたか、成果は現在どのように表れているか、毎月報告や相談を受けます。また、同じように翼学園からも、先月目標としていた指導の内容が学園生活の中でどのように進み、その結果がどのように子どもに表れているかについて、詳しい具体例を挙げて保護者に報告します。

　このように、保護者はつばさの会に出席するたびに、翼学園で今どのように子どものケアや指導をしているのか、その内容や目的を深く知り、よく理解するとともに、一方、家庭で自分達は親として子どもにどのように接することが大切なのか、二度と後戻りしない学校復帰につながるためにはどうしたら良いのかということを、この第四段階で改めて学び直します。そして、子ども自身の頑張りや、日ごとに成長していく子どもの心の変化を実感し、親としての幸福感が湧き、つばさの会での学びにますます熱がこもります。

〈家庭内での子どもへの接し方　11項目〉
1．生活時間や出発時間など、自分で決めた時間を守らせる
2．1か月分まとめて小遣いを渡して出納帳をつけさせ、お金の管理の仕方や使い方を教える
3．家事分担の内容や分量など、年齢と能力に合わせた責任の持たせ方とその範囲につい

て考え、指導する
4．我が子を客観視する方法とその基準となるものは、年齢相応の行動ができているかどうか、「我が子が今のまま社会に出たら？」と想像して、今のうちに直してやりたいと思うところを考える
5．一人で行かせても良い場所と避けさせたい場所の区別の指導は一般論でなく、子ども当人の判断力や社会指数をしっかり観察して行い、子ども任せにしない
6．子どもが家事労働の喜びを感じるのは、愛する家族の役に立つと思うとき。子どもの頑張りを心から喜んであげること
7．親の指導力を確かなものにしていくには、家族の一致した対応が鍵となる
8．親子間の力関係（発言力や決定権など）の逆転が再び起きないように、過剰評価や過保護のないよう、常に気を付ける
9．翼学園で学習力やコミュニケーション力が進んでいく子どもの喜びを保護者も共有する意味は大きい
10．翼学園でのリーダーの役割は、常に弱点克服の一環であることを認識し、有頂天にならないよう応援する
11．子ども自身に困ったことや悩みが生じたときは、心から相談に乗りつつ、「（翼学園の）先生にも相談しなさい。違う答えがあるかもしれないし、あなたの悩みを先生に伝えておいた方が良い」と勧める　→　子どもが、どんなときも学園の先生を信じ、相談するようになるための後押し

（２）第四段階の生徒へのケアと指導

　弱点克服の指導を成功させる２つの鍵は、指導者との強い信頼関係と本人の決意です。この２つが揃っていなければ、たとえ親でも決してこの指導を始めてはいけません。見極めの甘さで生徒の心を深く傷つけることがないように留意して始めることが大切です。
　どのケアに対しても等しく言えることは、本人を決して焦らせず、しかも諦めさせないことです。特に、生まれもっての特性や弱点を克服するときには本人の気持ちを繊細に受けとめ、ただがむしゃらに頑張らせるだけでなく、むしろ息の抜き方、頑張るリズム、その場に応じどのような温度で接するのが良いか支援の在り方を考えたり、克服のための創意工夫の具体的な方法をいかに見つけて指導するか、ということも非常に大切です。

〈具体的な指導内容〉
1．家庭生活時間の確立（起床・就寝・食事・入浴・ゲームやスマホの時間を守る・遅刻をなくす）
2．戸外活動や年間行事、日常的な会議の場などでリーダーの役割を数多く体験させて、

第11章　翼学園の五段階理論Ⅱ　五段階別の指導法　～第四段階の指導法～

渓谷キャンプ

大自然の中、ワイルドキャンプで助け合う

寒いほどの渓流で泳いだ後は野外調理

夜はキャンプファイヤー

　自分以外の人への思いやりを育てる
3．苦手な分野の学習も個別指導でしっかりと基礎学力をつけ、不安を解消させる
4．学校やアルバイトの交通手段としてバイクの免許を取得する（必要な生徒のみ）
5．身だしなみや言葉づかい、きちんとした挨拶など、社会生活でそのまま順応できるように指導する
6．最初は、ご飯を詰めることから始め、徐々に自分でお弁当を作って持って来られるよう、少しずつステップアップ
7．作文やカウンセリングで自分を見つめる機会を増やし、心を育てる（直そうと思うところを自分で考え、頑張ってみる気持ちを高める）
8．教室合宿やキャンプなどに参加させて、集団の中での役割を考えさせたり、集団行動時の実践力を養う
9．平和学習を行い、戦争のことや社会で起きていること、世界のことにも目を向けたり考える機会を持たせる
10．希望者には週1回のパソコン教室でPC技術を習得させたり、資格取得へ導く

パソコン教室

11．社会見学旅行で仲間と一緒に県外のホテルに宿泊し、一般社会の中での旅行や平和学習の体験をさせて自信を付ける
12．忘れ物をなくす工夫を指導する
　①必要な準備物リストの作成を毎回必ず行う
　②リストの記載順に、カバンに準備
　③出発前の玄関先でカバンの中身の最終チェック

希望者は週1回専門講師による指導を受けスキルアップ

　④外出先を出る前に、持ってきた物が入っているかどうかを、必ずチェックしてから帰る
13．これまで以上に、個別カウンセリングの回数や時間を増やし、相談を聴いたり、指導者との人間関係を深める

9　第四段階ケア中の学校との連携

（1）在籍校の先生との信頼関係が深まる

　第三段階の頃よりさらに心が元気になり、学習も頑張り、精神的にも育っている生徒達の様子を学校の先生にも伝えたく、毎月の報告書以外にも、生徒のノートやテストのコピー、体験作文を数多く添付して届けています。

1．生徒の「月間記録と添付書類等」がきちんと毎月学校へ届いている
2．生徒が回復していることが、はっきり学校に伝わっている
3．学級担任の先生から、翼学園に喜びの言葉が届く
　　翼学園を経由して学校から家庭への連絡が迅速に届いている
4．学校と翼学園との間にしっかり信頼関係ができている

（2）第四段階の月間記録と添付書類等

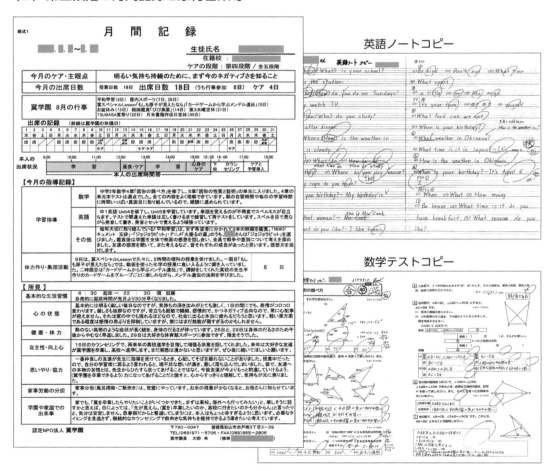

第11章　翼学園の五段階理論Ⅱ　五段階別の指導法　〜第四段階の指導法〜

運動会感想文

これまでで一番友達の事を思えた運動会

今回で3回目のTSUBASA運動会。私にとってだれも仲間はずれにしない、勝ち負けにこだわらない、成長できる運動会にするのが目標でした。正直、これまでは他の人の事を考えて行動することは少しはあったけど、自分が楽しめたらさんの近くに行くのは███ちゃん、███ちゃん、███ちゃんが行くから自分は進んで行かなくても大丈夫。と思っていました。なので、他の人の事を考えて行動する運動会は今回初めて経験しました。
　まず、来てくれる予定だった女の子が全員来てくれて嬉しかったです。嬉しかったと同時に、初めて運動会に来てくれる新入生が多かったので、だれも来ないかな？という不安と、特に███ちゃんのことが心配でした。Red Bulletできる先輩の女子がいなくて不安でした。でも、リーダー、サブリーダー達と話し合った時、リーダー、サブリーダーの███くん、███くんはもちろん、別の███ちゃんにも頼って良いと分かって、とっても安心できました。本番はOGの███ちゃんにも頼ることができて、2人には本当に感謝しています。
　今回は両親の他にお姉ちゃん2人とお姉ちゃんの旦那さんが来て3人とも楽しんでくれたので嬉しかったです。あまりお姉ちゃん達と翼学園する機会がないので、翼学園がとっても良い所というのが伝わったと思います。今年用事があって来れなかったお兄ちゃん達にも、来年にはぜひ来てほしいと思います。

　運動会事前会議の時、久しぶりに立候補して司会をしました。やってみて、改めて司会は難しいなと思いましたが、話の進め方を迷った時は周りの人に助けてもらいながら最後までやれました。久しぶりに司会がやれて良かったです。まだまだ私は司会が下手なのでこれからも家で練習したいです。
　今年のリーダー、サブリーダーもとても頼れて、色々なことを率先してやってくれて、本当に感謝しかないです。私は女の子のことで一杯一杯だったのに、リーダー、サブリーダーの4人は全員のことを考えてくれて、自分はまだまだだと思いました。4人がリーダー、サブリーダーで良かったと心から思っています。
　今回も私は翼の先生やみんなに助けてもらってばかりでした。来年はもっとみんなを助けられるようになりたいです。
　今年も、初めて運動会に参加した███ちゃんや███ちゃん、███ちゃん、███くんや最初はあまり乗り気ではなさそうだった███ちゃんも含め、参加した全員が笑顔になれた運動会になったので嬉しかったです。来年の運動会も、全員が笑顔になれる運動会にしたいです。そして来年こそは███くんや███くん、███くん達とも一緒に運動会を楽しみたいです。

炎と笑いの合宿

　今回の目標は、目立たずに参加すること、と助け合ってみんなが笑顔になる合宿にすることでした。前、希先生に「目立ちたい欲求を抑える練習をしたらどう？」と言われた時、最初は楽勝だと思っていました。けれどいざ始めるととても難しく、合宿ではこの練習をしようか迷いましたが、成長できる良い機会かなと思い意識して参加しました。去年までは目標を持たずに参加していたので私も少しは成長しているのかなと思うと嬉しいです。
　今回の教室合宿で印象に残っていることはたくさんありますが、その中でも初めて参加してくれた人も含め全員が楽しんで笑顔になれたのがとっても嬉しかったです。それと、準備と後片づけの時結構時間かかりそうだなと思っていたことが、みんなでやるとすぐ終わったことが何度もありました。みんなで力を合わせるとこんなにも早く終わるのか！と思ったことも印象に残っています。
　今年の合宿ではかまどの火の番を初めてしました。ものすごく熱かったです。ものすごい炎の勢いを身を持って感じました。去年までずっと火の番をしてくれていた███くんは本当に凄いなと思いました。
　今年の合宿でみんなでおいしいご飯をつくって、食べて、たくさん笑って1日中楽しく過ごせて、本当に翼に出会えて、翼の先生達やみんなに会えて良かった！と改めて感じました。

教室合宿感想文

199

(3) 社会見学旅行の体験作文

「たくさんの経験ができた社会見学旅行」　　　　　　　　　　　今川　亜希（仮名）

　私は今回の社会見学旅行に自分が参加できるとは思っていませんでした。なぜなら友達と旅行なんて自分にはまだ無理だと勝手に決めつけていたからです。でもある日、母に「旅行に行きたいなら行かせてあげられるよ。どうしたい」と言われ、そこで初めて本当は行ってみたいと思っている自分に気が付き、参加することを決めました。

　これまで家族旅行や学校行事など旅行自体は何度も経験がありましたが、自分達で旅行の詳細や移動手段まで調べて予約を取るのは初めてのことでした。会議をするだけでそのたびに、今まで避けていて、やったことのない初めてのことをたくさん経験できました。そして、旅行会議を通して自分の意見や考えを言うことに対しての不安や恐怖が薄れてきました。

広島までは高速バスで移動

　1日目は「ホロコースト記念館」に行きました。私は、ホロコーストの歴史について事前学習で初めて学び、どんなことだったのかを知りました。世界中で戦争が起きていたというざっくりとした知識しかなかったので、当時どの国がどんな考え方をしてどんな価値観を持っていたのか、聞けば聞くほど恐ろしさを感じましたが、戦争中に起こっていた真実を知ることができて本当に良かったと思います。

　「ホロコースト記念館」の見学でははじめにアウシュヴィッツ強制収容所でのことをガイドしていただきました。展示室入口にかかっている看板についての説明で、「『ARBEIT MACHT FREI』これは『働けば自由になる』という意味ですが、実際は『焼却炉の煙突から出る煙になって自由になる』ということです」と教えてもらいました。ガイドの方は「現地を訪れて、初めて聞いた時はゾッとしました」とおっしゃっていました。私も全身にすごい衝撃を受けたような感覚になり、あまりにもひどすぎてとても悲しくなりました。

　実際に「ホロコースト記念館」に行き、見て、聞いて、感じる中で、特に印象に残っているのは、ポーランドのアウシュヴィッツ強制収容所で捕えられていた人が実際に着ていたという青と白のストライプ柄の服、そして、オランダのアムステルダムにあったアンネの部屋の再現です。

　強制収容所に捕えられていた人が着せられていた服は、1人に1着ではなく、最初に着ていた人が亡くなってしまったら、また別の人が着ていたと教えてもらいました。それを聞いて、私は、「今こうやって目の前にあるこの服を着た何人もの人達が、理不尽に殺さ

れて死んでしまったのだ」と強く感じると同時に、私の中でホロコーストという事実が、ただの過去の歴史の知識だけではなくなりました。服の襟元に付いたたくさんのシミや袖のほつれを見ていたら、とても苦しくなってきて泣いてしまいそうでした。

　アンネの部屋の再現では、とにかく想像以上に部屋が狭くて驚きました。1人で使うにも狭いその部屋で、家族ですらないおじさんと2人、しかもそこで暮らしていることが知られないように生活していたと考えると、どんなにか大変だっただろうと思いました。小さめの机と椅子、それから実際にはベッドが置いてあったそうで、大きめの窓もありましたが、ふさがれていて開けることも外を見ることもできなかったと聞き、かなり息苦しかっただろうと思いました。当時アンネがここで約2年間も、自分達が生きていることを隠しながら生活していたと考えると、一体どんな気持ちだっただろうと思い、涙が出そうでした。

　私は「ホロコースト記念館」に行き、話を聞き、実物を見ることができて、本当に良かったと心から思いました。旅行に行くと決めてから、家族や周りの人との会話の中でホロコーストの話題になったとき、それまでの私のようにホロコーストについて知らない人の方が圧倒的に多かったです。でも、ホロコーストのことについて知れば知るほど、現代を生きている人なら誰でも知っていてほしい、絶対ただの過去の歴史にしてはいけない出来事です。平和のために自分は何ができるのか、考えて行動できる人にならなくてはと思います。改めて平和とは何か真剣に考えることができた一日になりました。

　1日目の夜には、夕食後ホテルで皆揃って、トランプの大富豪をしたのがとても楽しかったです。「普通に遊んだだけではつまらないよね」ということで、最初に上がった人が最後の人へ質問をすることになりました。全員女の子ということもあり、遠慮なく聞きたいことを聞けました。普段なら聞くこともない昔の初恋の話や、究極の二択の質問の答えを聞けてすごく楽しかったし、皆の新しい一面を見られて嬉しくもありました。レクリエーションの時間は3時間ほどでしたが、疲れていたり夜中なのもあってか、頭のネジがいくつか外れているようで、誰が何をしても言ってもすべてがおもしろくて仕方がありませんでした。大富豪ひとつでこんなに笑えるとは思ってもみなかったです。

　2日目は、「みろくの里」という遊園地に行きました。私は絶叫系のアトラクションがかなり好きなのですが、家族で行くと「1人で乗るなら……」と諦めてしまいます。今回一緒に楽しんで乗ってくれる人がいてすごく嬉しかったです。「ミュージックゴースター」という大きいジェットコースターに何人かで乗ったときには、一緒に乗った友達が、怖さのあまりずっと何かに謝っていたのが、申しわけないですがかなり面白かったです。

　皆で乗ったメルヘンカップのアトラクションでは、スタートする前からかなりの速度で乗り物を回す友達がいて、残りのメンバーで「すごいね」と顔を見合わせました。

　お化け屋敷に皆で手をつないでひとつになって入ったときには、自分も含めた数人は怖

がっていましたが、入る直前まで一番怯えていた人が一番平気そうにしていて少し笑ってしまいました。

　当日は想定より時間にかなり余裕があったので、事前に予定していなかった乗り物にも皆で相談しながら乗れたのもすごく良い経験になったと思います。とても楽しい2日目になりました。

　今回の旅行を通して、一緒に行ったメンバーとの仲が更に深まりました。また、自分から率先して発言し、行動することを、これまでよりも意識できるようになりました。予約の電話をしたり、自分達でいろいろな方法を使いながら目的地までたどりついたり、本当にたくさんの経験ができました。

　今までの人生で一番楽しい旅行になりました。

10　第四段階の生徒　ケア終了の基準

◎確認事項
1．週5日、毎朝きちんと通学し、学習も順調に進んでいる。わからないところがあれば、自分で調べたり、教員に質問したりして、解決できるまで頑張る
2．翼学園では先輩格になり、新入生に優しく気を配り、常に進んで面倒を見ることができる
3．会議の司会や行事リーダーを引き受け、周りの友達に配慮の行き届いたリーダーぶりを発揮して友達からも認められ、大きな協力も得られて、成功体験を重ねている
4．心からよく笑い、よくしゃべる。いつも心から明るい
5．家族や友達を大好きだと感じる。自分自身のことも大切に思い、将来は学校に復帰して、人生をやり直したいと思うようになっている
6．夢実現のためなら、努力を惜しまず頑張りたいと思っている
7．カウンセリングの時、自分から「学校に行きたい」と相談してきた

　第四段階のケアと指導が終了する頃の生徒は心が軽く、明るい気持ちが、生き生きとした表情に表れています。

　外部から翼学園へ来られた、大切なお客様が教室に入られたとき、ぱっと目に入るのが、第四段階や第五段階の生徒達の明るい笑顔です。

　どのお客様も、異口同音に言ってくださるのが、この言葉です。

　「どの子も明るく、しっかりと落ち着いて、挨拶もきちんとしてくれる。感じが良い子達ばかりで、どう見てもあの子達が、学校に行けなくなった子達だとは思えません」

第11章　翼学園の五段階理論Ⅱ　五段階別の指導法　～第四段階の指導法～

　いつも、どなたからもそんなふうに褒めていただき、大変嬉しいのですが、実は元気なその子達が前面に見えて目立っているだけで、翼学園にはまだまだ第二段階や第三段階初期の、お客様が来られる日には学園に来られない子達や、来ていても人前に出られず、後ろの方で小さくなってしまう、まだ人が怖い子達が何人もいるのです。先輩の生徒達は優しい気持ちで、その新入生達をかばい、守りつつ、自分自身も気持ちを強く、と頑張っています。

　生徒達にとって翼学園は、どんな状況のときも、心が苦しくならないように守ってくれる学び舎です。ですから翼学園は、学園生保護者の見学はいつでも受け入れていますが、見ず知らずの一般の方や学校からの通常の見学は、申しわけありませんがお断りさせていただいています。

　第四段階の生徒達は、機が熟すと必ず自分から指導者に話しに来ます。「先生、私はもう大丈夫。学校へ行けるのなら行きたいです」「私はもう大丈夫。学校へ行きたい」と。その言葉が生徒の口から出てくる日を目指して、これまでずっとケアを続けてきました。

　それからが最後の仕上げ、第五段階のケアの始まりです。

　これからは、本当に心の通った人間同士でないとできない、最も深い第五段階のケア、心の奥底に固い蓋をして潜ませていた、深いトラウマの治療に入ります。

[第 12 章]

翼学園の五段階理論 II
五段階別の指導法
～第五段階の指導法～

第12章
翼学園の五段階理論Ⅱ　五段階別の指導法
～第五段階の指導法～

1　第五段階のケアの概要

（1）最終ケアの目的
1．心の奥に潜むトラウマ

　第四段階のケアを終了した生徒は、自分の将来に夢を持って、「普通に学校に通って勉強をしたい」と願っています。長期欠席に陥ってしまってから、戻りたいと長い間もがき、夢見た学校生活。その学校復帰を確実に実現するためなら、自分でできる努力を惜しまず、できることは何でも頑張りたいと、心から思っています。

　実際にその気持ちのとおり、これまでさまざまな自分の弱点を真摯に受けとめ、それらを克服したり、工夫して乗り切る方法も習得しました。第五段階に入った生徒達は学校復帰を目指してこれまで以上に学習やスポーツを頑張り、気持ちはいつも前向きです。

　しかし、彼らは学校復帰に関して全く不安がないわけではありません。第四段階の弱点克服では表に出てこなかった過去のトラウマが、まだ心の奥にあるからです。それは、まだ誰にも打ち明けたことがなく、心の奥で固く蓋をして、解決できないままで意識の底に沈めています。

　そのトラウマは、本人にとってはもう思い出したくもないほど深い心の傷です。彼らはそれを「絶対誰にも知られたくない心の秘密」として、思い出さないようにずっと心に鍵をしてきました。苦しさのあまり、すぐには思い出せないようになっている生徒もいます。

2．「なぜ学校へ行けなくなったのか」タブーの鎖をはずして

　第五段階のケアは、胸の奥にしまった自分だけの秘密、どうしても消え去らない過去の苦しみを解消していく、最終的な心の治療「トラウマの解決」です。

　このトラウマは、心が元気になっただけでは決して自然には消えていきません。ましてや、本人の努力だけではまず取り去ることはできません。大人になっても、一生、心に抱えて苦しみながら生きる人もいるほど、きちんと治療し、解決しておかなければずっと続く苦しみであり、この先の将来のどこかで、必ず心の闇となって噴き出してくる悩みです。

　しかもそれは、学校へ行けなくなってしまった原因の根幹になっています。翼学園に通っている期間は、その深いトラウマ解消の治療をする最良の機会です。

第四段階までの長期間の心のふれあいとケアで、生徒と教員の間には、ゆるぎない信頼感と愛情が育ちました。生徒の心も元気と明るさを取り戻し、学校に行きたいと心から思えるまでに回復しています。
　第五段階では、これまでにない深いカウンセリングと、心のリハビリを行います。互いの信頼関係がしっかりと根付き、安心して何でも話せる人間関係ができ上がっているからこそ始めることができる心の治療です。
　第五段階最初のカウンセリングで、元気いっぱいの生徒にこう尋ねます。
　「昔、あなたはなぜ学校へ行けなくなったの？」
　翼学園では、初めて会ったときはもちろんのこと、翼学園生活の数年間、これまで一度もこのような質問をしたことはありません。「なぜ学校へ行けなくなったのか？」それは、長期欠席の子どもを最も傷つける、タブーの言葉だからです。しかし第五段階に入って初めてそのタブーの鎖を取り払い、心の奥の真実に正面から迫り、タブーだった事柄そのものを解決するべきときが来ました。

（2）第五段階のカウンセリング

1．心の奥の封印を解いて

　「自分はなぜ学校へ行けなくなってしまったのか？」
　生徒は、本当なら思い出したくもない過去のつらい話を、心の奥から絞り出すように、とつとつと話し始めます。学校復帰を意識している最終段階に立った今では、密かにこの未解決の不安を打ち明けたい気持ちになっていたのです。心の奥に固く封印して何年も経っているため、すぐに思い出せない部分もありますが、カウンセラーはゆっくりと生徒の話に耳を傾けます。
　何の理由もなく、学校に行けなくなる子どもは一人もいません。どの子にも必ず、その原因となるでき事はあったはずなのです。子どもはそのために苦しみ、ついに学校へ行けなくなりました。けれどもそのでき事は単にきっかけとなったにすぎず、長期欠席となった問題の根幹はもっと大きく、複雑なものでした。それは本書の第1章から第11章までに述べてきた、社会的、個人的な問題を複合して、さまざまな困難を抱えている、現代の子どもの実態でもありました。

2．認知行動療法でトラウマ昇華まで

　学校に行けなくなるきっかけとなったでき事は、子どもにとってこれまでの人生で最も苦しいことでした。そんなつらい話を、なぜ今頃になって本人に問いただす必要があるのでしょうか？　それは、これこそが学校復帰を意識し始めた生徒にとって、心の奥の凍り付くような不安だからです。

第12章 翼学園の五段階理論Ⅱ 五段階別の指導法 ～第五段階の指導法～

　この不安は的中しています。しっかり克服させておかないと、学校や社会復帰後に必ずまた似たようなことが起きてしまいます。その事態を予想して、復帰した学校や社会で再び昔と同じことが起きたとき、今度こそちゃんと自分で乗り切れる力をつけておく必要があります。

　翼学園に来た子どもは一人ひとりさまざまな過去を背負っています。いじめの例でお話しすると、過去に繰り返しいじめを受けたことが深い心の傷となりトラウマになって、何年経ってもその恐怖や怒りが消えない生徒もいました。現在はいじめなど全くない楽しい翼学園生活を送っているのに、当時を思い出すと恐怖で身がすくんだり、昔自分をいじめた人をどうしても許すことができず、憎しみがいまだに心に溜まっています。

　憎しみや恨み、恐怖心を持ったままで学校へ復帰しても、また昔と同じように人間関係上で躓きを繰り返し、やがて疲れ果てて挫折するか苦しく孤独なままの社会生活が続くことになりかねません。彼らには、恨みや悲しみなどの負の感情を放置するのではなく、整理をつけて昇華させていくカウンセリングが必要です。

　子どもの持つトラウマは被害体験だけによるものではありません。他者に苦しみや被害を与えた自分自身を恥じたり否定するなど、過去の自分自身の考え方や自分が行った加害行為を認められず、封印してしまった例もあります。たとえばいじめの加害者であったり、差別意識・虚飾・虚言癖・盗癖そのほかの恥ずかしくて人に知られたくない自分の過去がトラウマとなっている場合です。

　また、それらの行為が過去のことになっておらず、現在も継続している場合もあります。中には、自分を変えられず苦しんでいることもありますが、それが悪いことだと認識できないままここまできて、第五段階になって初めて発覚する場合さえあります。

　トラウマが他者から受けた被害であれ、逆に自分自身の悩みであれ、その悩み苦しみをすべて吐露することが解決へ向かう始まりです。

　誰にも話せないと思い込んでいた秘密を、勇気を出してカウンセラーに告白したとき、それをきちんと受けとめ自分をありのまま理解してもらえたら、生徒の心は重い荷物を下ろしたときのように楽になります。

　しかしそこから解決までが、また長い道のりです。

　奥深いトラウマを解決するとき、カウンセラーは絶望的に考えている生徒に次の２つの考え方を教えます。１つ目は、過去に起きてしまった出来事や事実は今となっては変えることはできないけれど、何より大切な現在や未来に起きる出来事は自在に変えていけること。２つ目は、過去に出会った人々の心を変えることはできなくても、自分自身を変えることで現在の自分やこれから先の未来に出会い、関わっていく人達が変わるということ。どちらも過去を清算・昇華して、これからの生き方を見いだし、自分の力で切り開いていくためのカウンセリングです。

つまり、「いじめに遭った」または「いじめを行った」という過去は変えられなくても、「もう、いじめを受けない自分」や、「絶対にいじめをしない自分」に変えていくことはできます。そればかりか、「いじめが起きそうになったとき、それを阻止できる強い自分」に変えていくことだってできるのです。そうやって自分を変えるための努力をすることで、自分の現在や未来に関わる人達との人間関係を新たなものに変えていくことができるのです。

　翼学園独自の「相手の気持ちを考える認知行動療法」のカウンセリングを継続するうちに、第五段階の生徒は過去の人や自分を許す気持ちが湧いてきたり、心の中のあらゆる負の感情を少しずつ昇華していきます。その様子を観察しながら、並行して実技指導を行います。

3．さまざまな療法の複合でセルフケアの実力を養う

　困ったことに、「いじめ」を受けやすいタイプの子どもは、どこへ行ってもいじめを受けやすい傾向があります。いじめを受けやすい性質といってもさまざまかもしれませんが、これまでの翼学園生の中で著しく多かったのは、「優等生タイプ・生真面目・正当すぎる発言をする・けんかは弱い」という４つの性質を揃って持ち合わせている生徒でした。

　いじめを受けて苦しんだ生徒のトラウマ克服のためには、実技指導も行います。まず復帰した学校や職場で新しく出会った友達と、対等平等な人間関係を構築していく方法から教えます。新しい環境で、翼学園の新卒業生達は気の合う友達作りに励みます。

　しかし不幸にも、再び「いじめ」に発展するかもしれない状況になったとき、どのように対処するのが良いのか、そのとき再び被害者にも逆に加害者にもならないように、うまく対応していく方法を身に付けておく必要があります。そのために、具体的な例をいくつも挙げながらしっかり指導します。

　翼学園では、ときにはピア・カウンセリングの形式（対等なパートナーを設定してピアの関係を作る）を取ったり、グループ討論を行ったり、内観療法やロゴセラピー（意味療法）、ときにはサイコドラマ（心理劇）療法で、本人にいじめを受けない自覚と自信が付くまで、何日も繰り返しカウンセリングを進めていきます。

　サイコドラマ療法では、カウンセラーの指導のもとに実際にいじめを行う役割を教員が演者となって再現し、生徒はいじめを受ける側を演じます。生徒は演者の役割を担うことで、いじめ回避のために取るべき言動を考え、演じることを通してその具体的な方法をつかんでいきます。現実の場面とは違い、冷静に状況判断ができるため、過去のつらい記憶を客観的に分析することにもつながります。暴言や暴力への恐怖心が、いじめと闘う勇気を起こせない原因になっているケースも多く、その場合はこの療法を繰り返し行うことで暴力に屈しない精神力を育てます。

またカウンセラーは、生徒にいじめの関係性の構図をわかりやすく提示することによって、いじめる側の心理にも気付かせ、その正体が嫉妬や八つ当たりであること、ときには正当すぎる発言が相手を不快にさせることについても考えさせ、集団の中で孤立しない人間関係の作り方を日常の学園生活の中でも継続して教えていきます。

　ケースに即したさまざまな療法を複合的に取り入れ、いじめを受けやすい自身の性質を乗り越える精神的成長と、具体的な対処法を身に付けることによって、自信回復とトラウマ克服へつなげていきます。

　　「過去にトラウマとなっていたような出来事がもう一度起きても、
　　　　　　　　　自分で対処し、乗り切っていく力」

　これがしっかり身に付けられたとき、想定外のことも起き得る学校・社会生活への復帰に自信が持てるようになってきます。

　第五段階のケアは、一般の社会に復帰するための最終ケアです。高校入学を目指す生徒も、仕事をして生活の自立を目指す生徒も、これまでのすべてのケアと指導を完了し、心の奥の苦しみもトラウマも解決し昇華できたら、最後に自分で対処できる力を付けて、いよいよ翼学園の卒業に向かいます。

2　第五段階　生徒の状況に沿った対応法

（1）第五段階初期の頃の生徒の状況
〜学校へ復帰するための最後のケアが必要〜
1．学校復帰を目指して意欲的に頑張り始めた
2．自分がこれから進む学校のことを、もっと知りたい
3．今の自分の課題（弱点）があれこれ見えてきて、克服のために頑張ろうと思う
4．翼学園の去年の卒業生達（高校生）が今の自分の目標だ
5．誰にも話したことのない学校でのトラウマが心の奥に眠っている
6．学校へ行く決心は固まっているが、不安が全く消えたわけではない
7．ずっと忘れていたが、学校に行けなくなった当時のことをふと思い出すことがある

（2）第五段階の保護者へのケア
〜決して後戻りしないと確信できる日まで、家庭での支援は必要〜
　せっかく学校に復帰しても、そこで挫折して再び家に閉じこもってしまうようなことがあっては、学校復帰の意味がありません。卒業（社会復帰）前の家庭内で、よく観察して

ほしい点は、子どもがこのまま順調に学校集団生活に順応できるかどうかです。「最終的な見極めは、家庭生活の中にある」という認識を持って客観的に子どもを観察し、心配な点を見つけてもらいます。

　第四段階のケアがほぼ完了した生徒から直接、「学校に行きたい」と真剣な話があったら、そこからが第五段階に入ったと保護者に認識してもらいます。

　保護者には、全体的にはつばさの会で「第五段階の子どもへのケア」を具体的に指導し、必要が生じたときは、個別カウンセリングを行うことがあります。

1．（第四段階に引き続き）保護者と子どもの、心の関係を修復　→　これまで触れなかった深いところでの親子間のわだかまりを、親子で互いに理解し合えるまで話し合う　→　心からの和解まで
2．子どもの学校復帰が具体化したとき、問題点や心配な面はないか？　→　問題があれば、即解決に臨む
3．家庭で自主学習を開始する子ども　→　自己管理の練習なので家族は声かけなどの手助けをしない
4．休み明けでも生活リズムが崩れることなく、きちんと自己管理ができているかどうかを確認する
5．ネガティブ思考や行動上の弱点克服を、家庭でも翼学園と同様に厳しく指導することが大切
6．これまで指導してきた人間関係の紡ぎ方・自分の弱点への認識と対処法が、しっかり身に付いているかどうかの確認
7．立ち直った我が子の最初の復帰先の決定は、本人の希望を一番に受けとめ、慎重に選択すること
8．学校・社会復帰の具体的な手続きを極力本人にさせる
9．我が子に教育する人間像を親自身の生き方にもしてほしい
10．学校（社会）復帰後も、最低１年間は支える手が必要であると認識しておく

（3）第五段階の子どもへのケア

　「学校に行きたい」と心から希望が持てるようになった生徒の願いが叶うよう、最終段階のケアと指導を進めます。

1．翼学園を卒業して、次の社会（高校や就職）に行きたいという本人の気持ちを再確認する
2．学校に行けなくなった真の原因を本人の口から初めて聴く
3．学校時代の恨みや悲しみ・トラウマを全部吐露した後は、じっくりと日数と時間をかけて心が軽くなるまで、深いトラウマ解消のカウンセリングを行う

4．第四段階の弱点克服のケアに引き続き、人間性の成長を促すための、さまざまなケアと指導を日常的に継続
5．朝や放課後の時間外学習など、教科学習の時間を増やす
6．400字小作文の指導を始める
7．中学古典と現代文の文法の学習を始める
8．自宅学習の習慣を付けるために力量に合わせた宿題を出す
9．生徒本人が見学したい高校の授業中の様子、または職場での作業中の様子などを、保護者と共に見学・体験に行く
10．平和学習を行って戦争の歴史を学ばせたり、新聞を毎日読む習慣を付けさせ、現代の社会で今起きていることや世界の動きにも目を向けたり、考える機会を持たせる指導を行う
11．学校や職場へ復帰する予定の仲間と一緒に卒業修学旅行会議を行い、2泊3日の旅行を計画する
　①卒業修学旅行会議を開き、全員で何度も話し合い、旅行希望地と目的を決定
　②宿泊先と航空券や電車・タクシーなどの交通手段も調べ、決定して、それぞれの担当者がメールや電話で予約
　③全員の希望が叶うように、旅行地で利用したい施設や食事をする店を決め、担当者が電話で予約
　④全員の希望を組み込み、買い物に寄りたい店舗や時刻表なども詳しく調べて3日間のタイムスケジュールを作成
　⑤全員がページを分担し、パソコンを使って「卒業旅行のしおり」の作成計画を練る
　⑥印刷と製本作業をして「卒業旅行のしおり」を完成させる
12．自分達で計画した2泊3日の卒業修学旅行に楽しく参加する
13．三者面談を行い、最終志望校を決める
14．受検する教科を決め、過去問題などを解いて自信を付ける
15．高校受検や就職時の面接の練習をする（面接時の礼儀作法や一般質問への答え方のほか、なぜ学校へ行かなかったのかとあからさまに質問されても、動揺することなく簡潔に答えられるように何度も練習しておく）
16．面接や受検当日の服装の指導をする
17．受検当日は、一人で受検会場まで行けるよう指導する（受検会場で決めた時間に翼学園の教員と待ち合わせ、気持ちを落ち着かせてから入場）

卒業修学旅行

沖縄県営平和祈念公園
慰霊碑に刻まれた名前をじっと見つめる

悲惨な戦争の歴史　忘れません

自然豊かな美ら海でダイビング！

東京ディズニーランドでもチームワークを発揮して行動

憧れの東京スカイツリー！

3　卒業生からのお礼の言葉

「感謝」　　　　　　　　　　　　　　　　　　　　　　　　　　　浅井 莉央（仮名）

　小学校低学年の頃は楽しく学校に通っていました。小学校3年生の時転校し、4年生になると知らない人がクラスにほとんどでした。人見知りだったので、何となくおとなしい子のグループに入りましたが、私はこの子達と違うのに、本当は派手なグループに入るはずなのにと不満ばかりでした。本当の自分を出せず、「真面目だよね」とか言われることが多く、堅苦しいイメージを持たれることが本当に嫌でした。この頃から朝起きられなくなり、遅れて学校に行くことが増え、病院で起立性調節障害と言われました。お腹の調子が悪かったり、体調も悪くなっていきました。

　5年生になると、割と目立つ子と仲良くなることができ、その子といると自分を表現できるようになって、「真面目、おとなしい」というイメージを持たれることがなくなり、しばらく楽しく過ごしました。その頃の私は、目立つ子と見た目が良い子が好かれていると思い込んでいました。いつも人を上か下かで見ていて、さらに人の上に立ちたい、マウントを取りたいという気持ちが無意識にありました。男女共に目立つ子が好かれると思っていたので、大声で歌ったり、廊下を水びたしにしたり、クラス中に聞こえるように大げさにキャーキャー騒いだりし、先生に毎日のように怒鳴られていたけど、それをむしろ誇らしく思っていて、こうすることで人気者になれると思い込んでいました。裏で人の悪口もたくさん言っていたし、精神的な幼さから表面しか見えず、人の気持ちもわからず自分のことしか考えていませんでした。そして何でも一番が良い、一番以外は価値がないと本気で思っていました。

　こんな気持ちで行動していると、どんどん友達が離れていって学校へ行きづらくなっていき、6年生の3学期から保健室登校になりました。なんとか中学校に進学しましたが、1年の7月から完全に保健室や多目的室登校になりました。ずっと母が仕事を抜けて支えてくれていたのに正直全く感謝の気持ちがありませんでした。何かしてもらって当たり前、してもらっても自分が納得できるものじゃなければ腹を立て、いつも不満ばかりでイライラしていました。

　10月の運動会は見に行きましたが、友達に誘われても出ませんでした。小さい頃から運動神経に自信があり、毎年リレーの選手だったり、マラソン大会の順位もずっと1桁台だったので、走ることに関しては上の順位が良い、そうじゃなければ絶対に出たくないと思っていました。この頃は自分で自分を苦しめていた気がします。

中学2年生からパッタリ学校へ行けなくなりましたが、どうしても学校に行きたくて、三重県の寮制の学校を受験しましたが、落ちてしまいました。今の学校じゃなければ通えると思い、近くの中学校に転校しました。新しい中学校では、周りに人がたくさん来てくれて、「可愛いね」と言われ、ほかでも外で可愛いと言われることが偶然重なり、それをお世辞だと思いたくなくて、そこから見た目と運動神経を重視してそのことに執着するようになっていきました。自分の武器はこれしかないと大きな勘違いをしていました。自分が一番だと思いたかったし、思っていたと思います。

　まだ起立性調節障害のような症状があり、とても困っていたことと、体調も悪かったので、母が心配してくれて、大阪の大きな病院まで連れて行ってくれました。あれだけしんどかったのに、検査して起立性調節障害ではないし、何でもないと言われました。

　この頃はメイクをしないと外に出られませんでした。メイクをしても、店や病院に行くと周りの目が気になり、悪口を言われたと思い、その気持ちを母にぶつけ、怒っていました。いつも母に八つ当たりし、不満ばかりで小さなことで怒っていました。妹に対してもマウントを取ろうとしていました。今考えると、本当に情けなく申しわけない気持ちでいっぱいです。

　中学2年の7月頃、どこの学校にも行けず打ちのめされていたとき、母に翼学園のことを教えてもらいました。祖母が大野先生の講演を聞いた友人に教えてもらったそうです。今の自分にはそこしかないと思い、「行く！」と答えました。8月に初めて翼に行ったとき、スマホを持っていることがステータスだと思っていたので、皆に見えるように手に持ち、メイクをし、派手なネイルをしていました。なぜかメイクやネイルがバレないだろうと思っていました。

　威勢良く行くと決めましたが、月に一度や週に一度通う生活が3年続きました。行くと楽しいと思っていましたが四国中央市から通うことの負担感もありました。16歳の時、コロナで翼も1か月休みになっていた時、翼学園の先生に電話で1時間くらい毎日勉強を教えてもらいました。この期間で翼に行く元気が溜まっていき、休み明けから毎日翼に通えるようになりました。でも小学校の頃、騒ぎすぎ話しすぎて嫌われた過去があったので、翼ではほとんど話さなかったし、笑うこともあまりありませんでした。今思うと、この頃の不愛想な私に優しく話しかけてくれていた友達には尊敬と感謝の気持ちでいっぱいです。でも、当時はその優しさを当然だと思っていました。

　翼では自分のお茶をついだり、お菓子を配ることも人任せにして全くしていなくて、もう16歳だったのに、人に何かしてもらって当然で、本当に幼かったと思います。人に興味もありませんでした。短気で先生に優しく注意してもらってもイラッとしていました。

第12章　翼学園の五段階理論Ⅱ　五段階別の指導法　～第五段階の指導法～

それでも皆が優しかったから友達と少しずつ話せるようになっていきました。作業中など皆と一緒に手伝いたい気持ちが芽生えてきましたが、わからないことが多く、どうすればいいかわからないので、知らん顔をしていました。この頃は好きだった芸能人を見て、おとなしくてニコニコ可愛らしい雰囲気の子が好かれると思っていたので、そう見られるよう振る舞っていました。

　翼での過ごし方がわかってきた17歳の5月に、卒業予定のメンバーになりました。内心ではとても舞い上がってふんぞり返っていました。今思うと信じられませんが、卒業が早い方が上だと思っていたからです。でも10月末に卒業をあきらめました。先生に何でも相談していいと知っていたけど、あまり相談することはなく、卒業することになってからは、先生に弱みを知られると卒業が延びると思い、より自分を隠すようになりました。この頃は、知られたくない恥ずかしいことがいくつもあり、先生に対して緊張していたように思います。早く卒業して高校に行くことばかり考えて、「卒業したら、もう翼には行かない」と思っていました。
　卒業前の三者面談では、私がいろいろ隠していることを指摘され、そして「高校に行くかは先生達じゃなくて自分で決めるのよ」と言われました。先生からどう見られるかばかり気にしていた緊張が少し解け、自分で決めることができるとわかったとき、不安が一気に襲ってきて、張りつめていた、見て見ぬふりをしていた本当の気持ちが一気に溢れ出し涙が止まりませんでした。見ないふりをしていた気持ちに気付き、このままの私じゃ卒業はできないと自分で卒業を延ばすことを決めました。絶望的でした。もう終わったと思っていました。「私はもうここから成長しないし、何も変わらない！」と母に言っていました。でも、つらく苦しい中で、卒業を延ばしたことで少し安心した自分もいました。

　それから少しずつ、先生に思っていることを打ち明けるようになっていきました。一方で見た目が一番大事という考えは変わらず、4月の運動会の準備中、皆の前で指摘されました。家族以外に、この考えを伝えたことがなかったので、間違っていると言われたときは、戸惑いましたし、ショックでした。恥ずかしさもありました。何とかしなきゃと絶望的な気持ちの中で、いっぱい考えて、親や先生に相談しましたが、ずっと染みついた考えだったので、それを根こそぎ変えないといけないと言われても理解ができず、不思議でたまりませんでした。
　ノートにたくさん言われたことを殴り書きし、理解しようとしていました。それでも変わろうと思いきれなかったとき、希先生に「もうこのままの考え方でいくんじゃないかと思っているよ」と言われました。とても悲しかったです。翼の先輩達に憧れ、いつかあんな素敵な人になれるんだと思っていましたが、今の私ではなれないと知りました。そのと

217

き、自然になれるものではなく、努力が必要だとようやくわかりました。

　苦しくて、朝翼に来る前、吐くときもありましたが、先生は「それは気持ちの問題だね。シャンとしなさい」と厳しく言ってくれました。今では先生は私のためを思って成長するために言ってくれたんだとわかります。何度も何度も同じことを聞く私に毎回直剣に向き合ってくれ、変わる方法を教えてくれました。何度も自分の気持ちをノートに書き、先生と交換ノートをして、教えてもらった「心が一番大切」を意識して周りを見るようにしました。

　翼の皆はどう思っているんだろうと見ていたら、これまでの私の考え方では、ずっと違和感があった世界の辻褄が合っていきました。考えるだけじゃなく、実践することが変わっていけた一番の理由だと思います。自分がどんなに嫌な人間か理解していったとき、周りの友達がいつも優しい言葉をかけてくれたり、困ったことがあると心配してくれたりしていたことに初めて気が付いて、「こんなに良い人達を手放してはいけない」と思うようになりました。

　私が好きだと思う人は中身が素敵な人だと、見た目だけで人を好きになることはないと気付きました。そこから「心が一番大事」だとわかっていきました。毎日毎日変わろうと頑張りました。心の中身を見て人を好きになれるように、本気で取り組みました。努力し続けることで考え方や価値観が変わっていきました。見た目が一番大事という価値観で生きているときは、不幸で楽しくありませんでした。心を見ることによって翼での日々がどんどん楽しくなりました。翼学園の教えである、「自分だけ良ければいいんじゃない。周りの人のことを考える」ことを意識すると、もっともっと解放的で楽しくなりました。人のことより自分のことを考える方が幸せになれると思っていましたが、全くの逆でした。

　そして翼での生活が最高に楽しくなったもう一つの理由は、ありのままの自分でいることです。物忘れが多かったり、１回聞いただけではすぐに理解しにくいところなど、ほかにもいろいろある弱点を、隠さずさらけ出した方が楽だよと先生に教えてもらい、少しずつ自分を出していきました。すると、特に意識せず発した言葉で笑ってもらったり、ハッキリものを言う性格で、自分はちょっと変わっているんだと知ったり、何より昔と違い、人に嫌な思いをさせないよう、周りの人の気持ちを考えながら発言できるようになったので、皆に受け入れてもらえました。どうしたら好かれるか考えて本心を隠していた頃より、周りの友達に安心して接してもらえていると思うし、ありのままの自分を知ってもらえることがとても楽で嬉しいです。隠さずさらけ出すことで、自分の本当の長所をわかっていくこともできました。

学校に行けなくなった原因の一つは「一番病」です。一番や見た目にこだわりすぎて客観的に周りが見えず、偏った見方で、本当じゃない世界で生きていました。人より特別な存在でありたかったし、凄いと言われたかったです。私自身もとても苦しく不幸でしたが、自分だけでなく家族や周りの友達まで不幸にしてしまう価値観でした。この考え方を、間違っていると指摘してくださり、本当に楽しく幸せに生きていける方法をずっと教え続けてくださった先生方には感謝の気持ちでいっぱいです。翼学園でしか教えてもらえないと思います。

大野先生、希先生
　どうしようもなかった私を立ち直らせてくれて、ありもしない理想ばかりの夢を描いていた頃、現実をしっかり教えてくださり、態度が悪くふてくされていたときも優しく包み込んでくれました。人に何かしてもらって当然で本当に幼かったと思います。自分では気付けなかったダメなところをビシバシ教えてくださり、そして長所もたくさん教えてもらいました。忙しいときでも、相談があると伝えると、何時間でも時間を割いて、真剣に向き合ってくださりありがとうございました。いつ、どんなときでも私の気持ちを一番に考えてくださり、守ってくださったおかげで、自分との付き合い方がわかるようになってきました。自然と成長していけると思っていた私に、成長していけるかは自分の努力だと教えてくださり、どんなダメな私でも見捨てず、大きな優しさと思いやりの心で愛してくださり、本当にありがとうございます。翼で教えてもらった、楽しく周りも幸せに生きていける価値観を忘れずに、生きていけるようこれからもずっと頑張っていきます。

浩子先生、優子先生、貴子先生、矢野先生
　どんなときも優しく見守ってくださり、笑いかけてくださって本当にありがとうございました。翼学園の価値観で生きていらっしゃる姿は、私の憧れです。先生方のような周りの人を思いやれる大人になれるよう、目標にしています。本当にありがとうございました!!

両方のおじいちゃん、おばあちゃん
　どれだけわがままを言っても嫌わず、会いに行くたび、喜んでくれてありがとう！　忙しいときでも時間を割いてくれて、私の幸せを願ってくれて、助けてくれて、ずっと見守ってくれて本当にありがとう!!

そして家族のみんな
　四国中央市から遠い松山市の学園まで、たくさんお金もかかるのに、何年も通わせてく

れて、本当にありがとう。お父さんとお母さんが、「そんな遠い所には通わせられない」と思えば、絶対に翼学園に通うことはありませんでした。どれだけ私が怒って、ひどいことを言っても、不満を言っても、人生をあきらめようとしたときも、何とか生かそうと私のために頑張ってくれていたこと、今ようやくわかります。どれほどつらく苦しかっただろうと想像するだけで、涙が出そうになります。どんなに忙しいときでも、最後まで悩みを聞いて、アドバイスをしてくれてありがとう。あきらめず、見捨てず、支え続けてくれたお陰で、今、楽しく幸せに生きていけるようになりました。感謝してもしきれません。本当にありがとう。妹も、学校に行っていない私に対して見下すこともなく、翼に通うことを応援してくれて、悩んでいるときはアドバイスまでしてくれて、私の成長を喜んでくれてありがとう。本当に優しいところを尊敬するし、これからも楽しく幸せに生きていってほしいと願っているし、困っているときは力になりたいです。本当に皆ありがとう。優しくて人を悪く言わない翼と同じ価値観を持っている家庭に生まれてこられて、本当に幸運だと思っています。ありがとう。これからはなるべく心配をかけないよう、翼で学んだことを忘れず、自分で幸せを見つけて掴んでいけるよう頑張るし、いつか皆を支えて助けていけるように努力していきます。

学園生へ
　私は人に言えない恥ずかしい弱点や悩みも、先生方に打ち明けることで、どんどん解決していったし、前を向いて進んでいけるようになりました。先生方は、どんなことも馬鹿にせず、変わっていける方法を教えてくれます。最初から信じるというのは難しいと思うので、ちょっと言ってみようかな、どんな反応するかなくらいの気持ちで、少し勇気を出して伝えてみてください。絶対言って良かったなと思うはずです。そこから、どんどん翼に行くことが楽しくなっていくと思います。先生方についていけば、幸せになれるし、素敵な未来が待っています。これから成長していく姿を見ることを、勝手に楽しみにしています。学園生もOBの皆も、こんな私に優しく話し掛けてくれてありがとう。皆のお陰で、友達との付き合い方を学んだし、友達をちゃんと好きになることができたし、飾らない、ありのままの姿で生きていけるようになりました。
　本当にありがとう。皆と一生仲良くしたいと思っています。

　これまで関わってくださったすべての人に、今は感謝の気持ちでいっぱいです。本当にありがとうございました。心を大切にする人を見つけ仲間になりたいし、日々成長していけるよう頑張っていきます。

4　第五段階の生徒　ケア終了の基準

1．心に秘密がなくなり、心底楽になった
2．家族には、心の底から感謝している
3．学校や旧友達への怒りやトラウマは消えて、今はすっかり納得できている
4．入学した学校でもう一度同じことが起きても、以前と同じようにならず、自分で頑張って解決していこうと思う
5．自分の弱点がよくわかり、今後も弱点克服を頑張ろうと思う
6．「学校に行く」ことから、自分の人生をちゃんとやり直していきたいと思っている
7．以前と比べると、別人のように成長したと皆に言われる
8．人を信じたり、大切にする自分がとても好きだと思う
9．学校に復帰しても、これまでと変わらず自分に厳しくしなければと決心して生活している
10．職業や資格の本などで、自分が将来就きたい職業をじっくり考えたり、調べている
11．将来の夢を叶えるために、入学したい学校を自分の意志で決めた
12．高校へ入学できる日を楽しみに、勉強を頑張ろうと思う
13．翼学園に来て、本当に良かったと思っている

毎日の教科学習　学校復帰を目指して意欲的に頑張る

5　第五段階終了時期の学校との連絡

(1) 在籍中の小・中学校へ復帰する場合

　翼学園生が第五段階のケアをすべて終了して復帰する学校は、在籍中の小・中学校の場合もあります。

　まず翼学園の職員が学校を訪問して先生とお話しします。学校へはこれまで毎月欠かさず月間報告書や生徒の資料を届けており、日頃からの連絡は十分できているので、改めて説明するまでもなく、学校復帰の日程を相談するくらいで、スムーズに話が進みます。

　改めて、ほかの生徒がいない日時を選んで本人と保護者同伴で学校を訪問します。本人は、学級担任の先生や校長先生など、主たる先生と顔を合わせ、挨拶を交わしてみます。その後、教室へ移動して自分の席に座ってみたり、そのほか、教室内の雰囲気を確認しながら、先生と少し談笑した後、ロッカーや靴箱などの確認をしてから翼学園に戻ります。

　学校訪問後、その学校へ復帰したいという本人の意思が変わらず、気持ちもしっかりして大丈夫だと確認できれば学校復帰します。

　復帰するクラスは長期欠席児童生徒用の特別支援クラスではなく通常のクラスで、登校時間は復帰初日から、朝の1限目から最終までです。特別な計らいは何も必要ありません。まるで転校生が入ってきたかのように、ほかの生徒と変わりなく、普通に皆と馴染んで再スタートできます。翼学園への通学生活と比べると、朝は少し早くなりますが、登校後は毎日時間割どおりの学校生活で、生徒にとっては翼学園とほぼ変わりません。

　授業内容の区切りを考えると、理想的には学年の変わり目の4月スタートや、少なくとも学期の変わり目を選ぶのが最も良いのですが、学校生活は限られた月日しかありません。復帰の時機がきたら、無意味に長びかせず、なるべく早い方が良いでしょう。

　特に、算数（数学）や英語などは授業の進み具合に合わせて翼学園で予習や復習を行い、余裕の気持ちで授業に臨めるよう準備を整えます。復帰当日の時間割は事前に担任に問い合わせて、教材そのほかの準備物も前日までに万全に整えておきます。

　復帰初日の生徒は、心的にとても疲れますから、平日の金曜日に復帰させ、土日はゆっくり休ませるのが理想的です。

　こういった小・中在籍学校復帰のケースも時折あります。

(2) 在籍中の専門学校・大学などに復帰する場合

　高校や専門学校・大学や短期大学に在学中の生徒の場合は、翼学園に毎日通学するよりも、認知行動療法など、ほぼ個別のカウンセリングでケアを並行しながら、短時間のアル

バイト勤務の体験をさせて精神的な成長を促したり、生活リズムを整え健康を取り戻す指導をしながら学校に復帰できるまで、心身のケアと指導を行うこともあります。稀に、事務作業補助などのアルバイトとして翼学園に通わせて、集団生活を体験させる指導を行うことがあります。

　彼らの学校復帰の場合も、翼学園から長期欠席になった事情を担当の先生に話しに行き、休学措置の手続きをしたり、学校復帰の際には、より過ごしやすい環境を整えた上で受け入れてもらうことがあります。特に大学生の場合は、専門教官との人間的なトラブルなど、自力では解決しづらい問題も発生しています。

（3）高校へ新・編入学するときの学校への連絡

　翼学園から学校復帰する場合、ほとんどの生徒が過年度生のため、受け入れ可能な県内の高等学校へ新・編入学します。

１．入学を希望する学校を見学

　第五段階のケアが中盤に差し掛かった頃、自分が入学したいと思う学校を考え、校内見学を体験させます。

　長期欠席や引きこもりを体験していた生徒達にとって、かつてはとても怖かった「学校」です。その学校の建物に足を踏み入れ、授業中の教室を見学したり先生と話をする、という久しぶりの体験から、生徒達はますます学校復帰への現実感が湧いてきます。

　①９月～10月（入学受け入れが可能かどうかの確認のため、翼学園の理事長や教員が高等学校を訪問）

　　生徒が希望する何校かの高等学校へ連絡を取り、生徒の学校見学を依頼する

　②11月～１月（本人と保護者の学校内見学）

　　生徒の校内見学を受け入れてくれた学校から指定された日に、本人・保護者・翼学園教員で個別での校内見学に行く

２．最終在籍中学校への連絡と依頼（12月～１月）

　生徒が最終的に受検志望校を決めたら、最終在籍中学校へ連絡し、受検の手続きを進めます。

　①12月～１月、最終在籍中学校へ再連絡し、入試担当の先生に直接受検手続きを依頼する

　②長期欠席以降の本人の経過報告を短くまとめ、中学校入試担当の先生へ提出する

　③１月～２月、本人を連れて、最終在籍中学校へ行き、入学願書・受検票は本人が記入、提出する

④後日、受検校から届いた受検票を中学校へ受け取りに行く

3．高校入学検定日当日の中学校への連絡
【入学検定日当日】
　入学検定日は、ほかの中学生とは合流させず、翼学園教員が受検者の生徒を引率します。
　在籍中学校へは、受検日の2日間とも、受検者本人が受検会場へ入退室した時間を随時電話で連絡します。
【合格発表日】
　高等学校で合格発表が掲示されるのは、本人が翼学園に来ている時間帯なので、当日は教員達と一緒に掲示板を見に行きます。合格していたら入学手続き等の書類を本人が高校窓口で受け取り、在籍中学校へ合格の報告をします。

希望の高校に合格したら、翼学園卒業の決定

高校合格おめでとう！

（4）巣立ちを祝う会
　合格した高等学校へ入学するまでの1か月間は、これまでの自分を改めて見つめ直し、今後の自分の生き方を考える、大切な卒業前のケアと指導の期間です。
　卒業予定者は、正直な今の自分の気持ちを色紙に書き綴り、卒業の言葉を完成させて、3月最終日曜日に行う翼学園の卒業式、「巣立ちを祝う会」に臨みます。
　「巣立ちを祝う会」では卒業生一人ひとりが、長期欠席や引きこもりで苦しんだ過去から立ち直って今日まで成長できたいきさつと喜びを赤裸々に語ります。
　本書第3章「長期欠席進行の分析　第一期～第五期」でも述べましたように、集団生活が苦しくなる「長期欠席の第一期」は、早い子どもで4～5歳、遅くとも小学校の高学年から始まります。それから後の自分の人生は、まさに苦しみと葛藤の長い長い月日でした。

第12章　翼学園の五段階理論Ⅱ　五段階別の指導法　〜第五段階の指導法〜

深く傷ついた心は生きていく気力さえなくしていました。卒業生が語る自分史は、そのようなつらい過去から始まります。

けれども、翼学園に通学するようになってからは、みるみるうちに勇気や希望が湧いてきます。五段階別の手厚いケアと指導を受けるからです。

これまで述べてきた五段階別ケアは、あくまでも指導者側の立場でのことですから、生徒は特別の意識はしていません。翼学園入学後はただひたすらに、なりたい自分になれるように頑張ります。自分のために頑張り続けたこと、喜びや達成感など、思いの丈を綴った色紙には、これまで自分を支え続けてくれた両親や家族、翼学園の職員や仲間の皆への感謝の言葉も熱く込められて、涙ながらに自分の言葉で伝えます。

翼学園の仲間からも卒業生一人ひとりに、お祝いのメッセージがぎっしり詰まった色紙を送ります。

翼学園を巣立つ彼らの門出を祝う花は、10月に学園生皆で植え込み、大事に育ててきた、100本のチューリップです。

両親へも感謝を込めて、自分達で育てたチューリップを贈ります。

「感謝してもしきれない翼学園へ」　　　　　　　　　　　　　　安西 さくら（仮名）

　翼学園に出会う前は、私は文字どおりの「嘘つき」でした。いつから嘘をつき始めたのかわからないほど幼い頃からです。母に叱られたくない。良い子でありたい。特別得意なこともない。けれど、他の子よりも目立ちたい。みんなに好かれたい。そんな理由で自分を実際よりも良く見せたくて毎日嘘を重ね、家族はもちろん、友達、学校の先生、周りの人全員に嘘をつくようになりました。しばらくは心の中で、嘘をつきたい自分と、それを止めたい私が戦っていましたが、いつしか自分の中の良心がなくなってしまいました。自分だけでは正直になれず、ついた嘘をごまかすために、また嘘を重ねていく日々。心のどこかでいつも苦しくて、それでもやっぱり嘘をつくしかなくて。でも、また苦しくて。その繰り返しでした。

　学校では、友達や先生とうまくいかず、小学校１年生の途中から通うのがしんどくなりました。環境が変わればきっとうまくやれるはずだと思い、母に頼み込んで転校しました

が、結局同じことの繰り返しでした。保健室登校もできなくなり、自暴自棄になった私は、母と言い争いをすることが増えました。「私が死ねばいいんでしょ」と、死ぬ気もないのに、いつも母に八つ当たりをして苦しめました。「つらかったら一緒に死のう。お母さん、さくらを殺した後に一緒に死ぬから」と、母は真剣な目で私を抱きしめて言いました。もう、私も母も心がぐちゃぐちゃな状態でした。

　そんな頃、母が必死で私を助けようと連れていってくれた、心療内科の先生が翼学園を勧めてくれたのです。母からも、「行ってみる？　絶対さくらの味方になってくれる所やから」と言われ、行ってみようと思いました。最初に大野先生と会った時は、おもいきり猫を被っていました。そのままずっと何年も経ち、翼学園の生活にもすっかり慣れて、通学がとても楽しくなった頃、大野先生に私が頻繁に嘘をついていることを指摘され、これから直していこうと言われました。今までずっと隠せていると思っていたのに、私の嘘を見抜かれていたことがショックでした。私はまだばれたくない一心で、「先生は私のことを信じてくれないんですか？」と、先生の人の良さを知った上で言ってしまいました。先生が私に話してくれたことは一切頭に入らず、とにかく帰りたくて、泣くもんか、泣くもんか、と思いながら、それでも涙を止めることはできませんでした。その時は直そうと思いますと言いましたが、長年当たり前だった嘘をやめることができず、すぐ元に戻ってしまいました。

　けれどもある日のことです。いつものように、ふとついてしまった嘘が私の頭から離れなくなり、罪悪感でいっぱいになったのです。長い間忘れてしまっていた良心が戻ってきたのだと思います。先生に相談する勇気がすぐには湧かなかったので、気持ちの整理がつかず、何か解決策はないか、落ち着ける言葉はないかと、辞書をひきまくったのを覚えています。

　翌日、やっと先生に相談することができました。先生には、「よく話してくれたね。これから直すの頑張ろう」と言ってもらったのに、その最中にもまた嘘をついてしまい、その日の夜はとても自分が嫌になりました。これはいけないと、先生に指摘され、その頃から初めて嘘を直そうと、本気で思えた気がします。

　ある日、希先生に特別なノートを作ってもらいました。それは、今日自分のついてしまった嘘、その時どんな気持ちだったか、困ったこと、迷うことを書くノートです。今日はあんな嘘をついてしまった。過去にもあんな嘘をついてしまった。この出来事は嘘になるのか。毎日つのる不安をノートに欠かさず書いて、希先生に見てもらい、毎日相談に乗ってもらいました。母には翼学園まで来てもらって、大野先生や希先生と４人で話をしました。

　まず、私がずっと今まで嘘をつき続けてきたことを告白しました。母はうすうす気がついてはいましたが全部は知らなかったので、ショックと驚きで今まで見たことがないよう

な真っ青な顔をしていました。その顔を見て、私は自分の嘘で母や周りの人を傷つけてしまったことを、初めて思い知りました。そして、この気持ちを生涯忘れてはいけないと強く思いました。

　それから私は、本気で毎日今日は嘘をつかなかったかと、自分のごまかしたい気持ちと戦いました。正直とても苦しかったです。誰かと話す時も、慎重にしているつもりでも、ふとした瞬間に無意識に嘘をついたこともありました。でも、希先生とのノートにすべて書き込んで、とにかく頑張らないと、乗り越えないとと、毎日必死に心がパンクしそうになりながら頑張りました。三歩進んで二歩下がる状態だった時期もありましたが、徐々に嘘をつく日が減っていきました。

　４年半かかりましたが、今では全く嘘をつかなくなりました。もう二度と弱い自分にならないように、乗り越えたことを忘れずに生きていこうと思います。

　嘘という悪い癖に加えて、私にはもう一つ大きな課題がありました。それは感情の起伏が激しいことです。私は人一倍緊張しやすく、特にイベント前などに興奮しすぎて体調を崩すことがよくありました。さらに気持ちが極端で、すごく落ち込んでいるか、楽しくはしゃいでいるかのどちらかの状態で毎日を過ごしていました。それは、私の性質だと希先生に教えてもらい、興奮してしまう時に気持ちを落ち着かせられるように頑張りました。これは、一生つきあう私の弱点だと気付けたので、これからも努力していこうと思います。

学園生のみんなへ

　私は約６年も翼学園にいて、その間早く、早く卒業したいと思っていた時期もありました。ですが、今では６年も翼学園にいたことを後悔していません。翼学園でしか体験できなかったことが、山ほどあるからです。

　私はむしろ、もっと早く翼学園に来て、もっと早く本気で弱点に取り組めば良かったと、後悔しているくらいです。みんなも、これから時には苦しくて苦しくて、もがく時期があるかもしれない。それでも、きっとそれは弱い自分と戦っている証拠でもあるから大丈夫！　みんななら頑張れるよ！　応援しています。

　そして、みんなにお願いがあります。私は、女の子同士で誰かの悪口を言う仲間に入ってしまい、友達を傷つけたことがあります。その時のことは今でもずっと後悔しています。だからこそ、絶対に誰一人寂しい思いはさせない、誰も仲間外れにしない、と強く心に誓っています。とくに、翼学園の新入生はとても心細いから、みんなで側にいてあげてほしいし、みんなで一緒に楽しく過ごしてほしいです！　みんなやったら絶対大丈夫やと思うけど、今の翼のみんなの仲の良さをしっかりつないで、友情を深めていってほしいです。

最後に、私は幼い頃、母は体調が優れないし、家も裕福ではないし、他の家の子がとても羨ましかったです。でも、今は自分のことを、本当に人に恵まれている、すごく幸せ者だと思っています。

　お母さん、今まで辛い時、苦しい時、しんどい時に全方面から支えてくれて本当にありがとう。これからも不甲斐ない時はたくさんあると思いますが、これからも努力していきます。

　お父さん、私が翼学園に通うことを応援してくれて、経済面でも助けてくれてありがとう。

　希先生、よく私の立場に立って物事を考えて助けてくれてありがとうございました。苦しい気持ちから何度も救われました。本当にありがとうございました。

　大野先生、私にとって初めて真剣に向き合って、嘘をつく悪い癖を指摘してくれた人です。大野先生の優しい大きな心で包んでくれて、ありがとうございました。

　ひろ子先生、先生の行動力や表現力には、本当に憧れています。私が不安な気持ちだった時も、優しくしていただいてありがとうございました。

　優子先生、時には正に「ピンクペッパー」のように、叱ってくれてありがとうございました。気持ちがシャンとします。

　みな子先生、先生の優しさに何度も救われました。本当にありがとうございました。

　なるみ先生、いつも事務のお仕事やスポーツの時の送り迎え、本当にありがとうございます。なるみ先生と話すといつも元気がでます。

　翼学園の先生方、私を今まで何回も何回も根気強く良い方向へ導いてくれたこと、本当に感謝しています。卒業しても相談がある時には必ず翼学園に行くので、これからもよろしくお願いします。そして、私が翼学園に入った頃から優しくしてくれたOB・OGのみなさん、毎日楽しく一緒に過ごしてくれる学生のみんなに数えきれないくらいの「ありがとう！」を伝えたいです。本当にありがとうございました。

　これからは、その「ありがとう」を返せるように、今度は私が誰かを支えられるように、高校に行っても頑張っていきたいです！！　これまで本当にありがとうございました。

（5）翼学園卒業後の支援

　4月、高校に合格した彼らは、大きな喜びと期待にあふれて高校に入学していきます。

　学園生への「五段階別のケアと指導」はこれで終了です。彼らにとっては何年かぶりの実社会です。翼学園では、学校や社会復帰後の最初の1年間は、新しい環境で戸惑いながら生活する卒業生の支援を続けます。

　高校生には、卒業後1年間は翼学園に学習席を確保しています。定時制高校へ通う生徒は、昼間は毎日翼学園に来て勉強をしたり、カウンセラー達に近況を聞いてもらい、英気

第12章　翼学園の五段階理論Ⅱ　五段階別の指導法　～第五段階の指導法～

| 巣立ちを祝う会 |

翼学園の卒業式

を養ってから高校へ向かいます。

　昼間の高校や就職へと進んだ生徒達は、平日に時間があれば翼学園に来たり、日常的にはメールや電話などで近況報告や相談事をしてきます。

　初めての環境で新しく生じた悩み事は、できるだけ早く相談して解決した方が良いのです。

　必要なタイミングで安心して相談できる環境で1年を過ごし、学校や社会復帰2年目を迎える頃には、今の学校や職場で出会った人達、先生や友達を信頼し、自信に満ちた笑顔で高校生活を満喫していることでしょう。

　　　ここまで来れば、本当の意味での翼学園の卒業です。
　　　おめでとう。
　　　もうあなたの未来は大丈夫です。

　しかし、これでぷっつりと学園生との縁が切れてしまうわけではありません。学校や社会へ復帰する生徒達を送り出した後も、心はずっと彼らと共にいます。

　大学、就職、結婚、子育て……。先々の人生で迷うときや悩むとき、卒業生達は必ず翼学園に相談に来ます。会わなくなってどんなに月日が流れても、どんなに遠く離れていても、親が子どもを想うように、私達の愛情は尽きません。彼らには、いつでも帰って来ることができる、心のふるさとがここにあります。

第12章　翼学園の五段階理論Ⅱ　五段階別の指導法　〜第五段階の指導法〜

あなたの心に丈夫な翼がつきました

自信を持って学校へ復帰　高校入学おめでとう

あとがき

　翼学園で初めて出会ったときの子どもは、無表情で青白い顔をして、この先の自分の人生をあきらめ、死のうと思い詰めていました。けれど翼学園と出会ってからは、月1日だけでも頑張って通い始め、やがて五段階理論に基づくケアや指導を毎日受けるようになり、みるみる元気を取り戻していきます。何年か後には本当に明るい心になって、身体中を喜びと希望でいっぱいに膨らませ、自由な心で学校や実社会を選び、復帰していきます。

　心の自由を取り戻した幸せな姿を見送るのは、毎年3月の「巣立ちを祝う会」です。
　その日は誰もが、この上ない感動と喜びで胸がいっぱいに満たされます。

　子どもはみんな、社会の宝物です。

　このテキストがいつかどこかで実を結び、一人の子どもの一度きりの人生を救うために、何らかの形で役立ちますように、心から願って著作にあたりました。
　刊行までに本当に多くの方々から御協力や心からの励まし、厚い御支援をたくさん頂戴致しました。皆様方に深く感謝と御礼を申し上げます。

認定NPO法人 翼学園 理事長　　大野 まつみ

【翼学園のあゆみ】

1985年4月	いじめに悩む子どもや親のために自宅に翼文庫を開設。いじめで傷ついている加害・被害両面の子どもの心を文庫で温める。 家庭文庫活動の中で、いじめに悩む親子の相談に応じたり、いじめの解決に導く。心のケアや学習の遅れを取り戻し、学校復帰まで継続支援する活動を始める。 利用者は年間で延べ1825人以上。この年、解決したいじめ件数は、30件以上にもなった。
1986年4月	利用者の声により翼文庫が「翼教室」となる。
1992年8月	「子どもが学校に行けない」悩みが急増し、保護者対象に個別の無料相談を始める。
1995年8月	教職員研究集会講演で「翼学園五段階理論」を初めて公の場で発表。
1996年5月	保護者の月例子育て相談会と学習会、「つばさの会」を発足。親達の定期的な相談の場を作る。
1996年6月	親達の気持ち、先生の気持ちを共に理解し合い、共に子どもを守りたいと願い、「親と教師の拡大学習会 子ども達のSOSを受けとめて」第1回を東雲高校 百周年記念館で開催。
2012年4月	「カウンセリングルームつばさ」開設。電話やメールでの相談を含めると初年度の利用者は1千件を超過。
2012年7月	「NPOえひめ心のつばさ」と名称・組織を改める。
2013年11月	「子育て無料相談会」を定期的に開始。
2013年11月	翼スペシャルLesson（月1回の専門家による特別授業）開始。翼学園以外の子どもも参加し、地域交流の学びの場となっている。
2014年4月	理事長が愛媛県人権問題研修講師として任命され、講演活動を始める。
2016年4月	法人格を取得し、「特定非営利活動法人えひめ心のつばさ」と名称を改める。
2019年1月	名称を「NPO法人 翼学園」と改める。
2022年4月	学校に行けなくなった子どもを学校復帰まで指導する「指導者研修会（全10回）」を始める。
2023年3月	認定NPO法人として認定される。

　2025年1月現在、認定NPO法人 翼学園に登録中の子どもは8歳から35歳の約50名です。そのうち30名ほどが通学中で、毎年約15名ほどが学校や一般社会に復帰しています。全五段階までのケアをきちんと完了・卒業すれば、再びひきこもりに後戻りした子どもは出ていません。

著者

大野 まつみ （おおの まつみ）

認定NPO法人 翼学園 理事長
全国心理業連合会 一般プロフェッショナル心理カウンセラー
メンタルケア学術学会 メンタルケア心理専門士®
愛媛県校内サポートルーム設置事業における不登校児童生徒等連絡協議会委員
愛媛県 人権問題研修講師
愛媛新聞に1年間の連載（「学校のうちそと」2000年4月～2001年3月）
小・中・高校、大学、一般の団体での講演や授業
現在も「翼学園」にて子どもや親達のケアと指導継続中
地域住民のカウンセラーとして業務継続中

〈受賞歴〉
2012年　子どもたちの"こころを育む活動"奨励賞（公益財団法人パナソニック教育財団）
2015年　松山市市民活動推進事業表彰（子ども分野・松山市）
2016年　公益財団法人ソロプチミスト日本財団 社会ボランティア賞
2019年　第9回地域再生大賞 奨励賞（地方新聞46紙・共同通信社）
2019年　第12回未来を強くする子育てプロジェクト「スミセイ未来賞」（住友生命保険相互会社）
2020年　南海放送賞
2020年　令和2年度愛媛県政発足記念日知事表彰

長期欠席の子どもを学校や社会復帰までケアする
翼学園の五段階理論 Ⅰ・Ⅱ

2025年4月1日 発行

著　者	大野 まつみ
発行者	大野 希
発行所	認定NPO法人 翼学園 〒790-0047　愛媛県松山市余戸南3丁目3-39 TEL：089-971-5706　FAX：089-965-2806
編集協力	株式会社愛媛プレスウイン
印　刷	岡田印刷株式会社